Untergetaucht auf Reiswerder

CHRISTIANE CARSTENS ist Schauspielerin und Filmemacherin. Nach ihrer Ausbildung in Hamburg spielte sie an verschiedenen Theatern in der Bundesrepublik, unter anderem am Grips-Theater in Berlin. Parallel zu ihren Theaterengagements war sie in mehreren nationalen und internationalen Kino- und Fernsehproduktionen zu sehen, u. a. in: Smyley's People (Regie Simon Langton), Das Messer im Rücken (Regie: Ottokar Runze), Die Welt in jenem Sommer (Regie: Ilse Hofmann) und 2019 in der Retrospektive der Berlinale mit dem Film „Nie wieder schlafen" (Regie: Pia Frankenberg). Seit 2011 ist sie freiberuflich für das Jugend Museum Schöneberg als medienpädagogische Filmemacherin tätig. Seit einigen Jahren beschäftigt sie sich mit dem Thema „untergetauchte" Jüdinnen und Juden in Berlin in der NS-Zeit.

Christiane Carstens

Untergetaucht auf Reiswerder

Spurensuche auf einer Insel im Norden Berlins

M | METROPOL

Umschlagabbildung:
(Vorderseite): Fähre von Reiswerder, ca. 1952
(Rückseite): Anlegestelle von Reiswerder, 2017
Verein der Naturfreunde Baumwerder-Reiswerder e. V. 1914 /
CCO Christiane Carstens

Lektorat: Dr. Lothar Berndorff

ISBN: 978-3-86331-468-2

2. Auflage 2026

Ansbacher Straße 70
10777 Berlin
www.metropol-verlag.de

Druck: AALEXX Druck Produktion, Großburgwedel

Inhalt

Vorwort

180 Meter breit ist die Wasserstraße, welche die Insel Reiswerder vom Berliner Festland trennt. Zwei Minuten dauert die Überfahrt, und doch trägt sie weit: heraus aus dem Großstadtlärm, hinein in die grüne Abgeschiedenheit einer Welt ohne Wasser und Strom und voll kleiner Häuschen, die man hier nur „Lauben" nennt. „Man", das sind die 132 Mitglieder des heute dort beheimateten Vereins der Naturfreunde Baumwerder-Reiswerder e. V. 1914 (VNBR) – darunter Arbeiter, Angestellte, Akademiker, Kinder und Senioren, die sich besonders an sonnigen Tagen einfach einmal weg wünschen vom stressigen Großstadtlärm und den ganz normalen Alltagssorgen.

Einfach weg sein – das wollten auch die junge Gerda Lesser und die anderen jüdischen Frauen und Männer, die zwischen 1943 und 1944 nach Reiswerder kamen und von denen im vorliegenden Buch die Rede ist. Doch war es für sie eben nicht der ganz normale Alltag, dem sie auf Reiswerder zu entkommen hofften – den hätten sie sich wohl mehr als alles andere herbeigewünscht. Sie flohen vor der erbarmungslosen Verfolgung durch das nationalsozialistische Regime, das deutschen Bürgern jüdischen Glaubens das Leben seit 1933 erst zunehmend unerträglich machte und sie schließlich ganz zu vernichten trachtete. Als Versteck vor der drohenden Todesgefahr bot die Insel Reiswerder in diesen späten Kriegsjahren ideale Bedingungen: 3,5 Hektar Natur mitten im Tegeler See, von der Havel beschützt, die noch vollbewaldete Jungfernheide im Osten, der Heiligenseeische Forst im Westen und im Norden Tegelort, einst quirliges, doch mit zunehmender Kriegsdauer allmählich verwaisendes Ausflugsgebiet. Die Kinder der benachbarten Schulfarm-

Insel Scharfenberg waren zum Schutz vor fallenden Bomben längst nach Rügen verschickt. Auf Reiswerder selbst war kaum mehr jemand. Im Inselsüden wohnte die Familie Bonus, von der heute niemand mehr weiß, woher sie eigentlich gekommen ist. Georg und Rosel Bonus hatten die Insel bereits um 1905 von der Stadt Berlin kaufen wollen, doch schließlich nur einen Pachtvertrag zur landwirtschaftlichen Nutzung und die Fischereirechte erwerben können. Wohl um das Jahr 1937 übernahmen Sohn Harald Bonus und seine Frau Margarete den inzwischen auf Obstbau, Fischfang und Viehfutterhandel gegründeten Betrieb. Weitere Bewohner des Inselreichs waren Angestellte sowie die Zelter und Wochenendausflügler, denen Familie Bonus seit 1918 gegen Pacht oder Mitarbeit Plätze für kleine Häuschen, Lauben und Zelte zuwies. Wie viele von ihnen um 1943 überhaupt noch auf der Insel lebten, ist ungewiss.

Dafür hatte soeben im Inselnorden eine neue „Besiedlungswelle" begonnen. Ihre Spur führt zur zweiten Nachbarinsel Baumwerder, mit 5,2 ha Reiswerders um ein Drittel größere Schwester. Hier hatte sich am 7. Mai 1914 eine lose 60-köpfige Gruppe sogenannter Luft- und Sonnenbadender unter Führung des Weddinger Arbeiters Franz Kayser formell als „Naturfreunde von Baumwerder" im Verein konstituiert und die „Schonung der Tier- und Pflanzenwelt" zum zentralen Daseinszweck erklärt. Der stetige Kampf mit Behörden und Investoren um das Bleiberecht kennzeichnete auch nach dem Ersten Weltkrieg die Geschichte des Vereins – seit 1928 Verein der Naturfreunde Baumwerder (VNB) – wesentlich, und genau genommen tat er es noch bis weit in die achtziger Jahre des 20. Jahrhunderts hinein. Nicht weniger einschneidend, aber aufgrund der Aktenlage nicht mehr nachzuzeichnen waren wohl die Maßnahmen, die das nationalsozialistische Regime 1933 umgehend ergriff, um den traditionell eher „roten" VNB u. a. durch die erzwungene Entlassung des

SPD-nahen Vorstands und die Umstrukturierung des Vereins zur „Lagergemeinschaft Baumwerder" ideologisch und praktisch in das NS-System einzubinden. „Kriegswichtig" wurde Baumwerder allerdings erst 1942, als die zuständige Aufsichtsbehörde entschied, hier Tiefbrunnen zur Wasserversorgung Berlins zu bohren, und somit das Aus des VNB auf Baumwerder besiegelte. Mitten im Krieg verschifften die wenigen verbliebenen Frauen und Männer unter Leitung des Naturfreundes Arthur Zickert ihre Zelte und Klapplauben inklusive des vereinseigenen „Rathauses" stückweise über den Tegeler See auf die Nordseite Reiswerders, die ihnen die Stadtverwaltung – neben einer Parzelle auf Saatwinkel – als neues Refugium zugewiesen hatte. Zum Ungemach der Familie Bonus, die so die Hälfte der Insel an Fremde abtreten musste. 1944 war der Umzug abgeschlossen.

Dort, wo heute der Wirt der „Inselbaude" schmackhafte Schnitzel brät, zog sich von nun an die „Demarkationslinie" zwischen dem Bonus-Reich „Altreiswerder" und „Neureiswerder", der neuen Heimat der Naturfreunde. Von den daraus resultierenden Problemen für das Inselzusammenleben, die geografisch noch heute sichtbar sind, wird später noch die Rede sein. Zur weiteren Geschichte von Reiswerder sei hier erwähnt, dass die Liaison zwischen Insel, Pächtergemeinschaft und VNBR langfristig dann doch eine dauerhafte und zukunftsträchtige war und dass sie den Weg für das bereitete, was Reiswerder heute ist: ein kleiner ehrenamtlich und weitgehend ökologisch verwalteter „Inselstaat" im Landschaftsschutzgebiet Tegeler See.

Dass es einmal so kommen würde, war in den letzten Kriegsjahren ebenso wenig abzusehen, wie es die damals Betroffenen interessiert hätte. Und sich heute eine Vorstellung von deren absurder Situation zu machen, dürfte vor allem die Leser überfordern, die Reiswerder nur als sonnige Ruheoase kennen. Als im Sommer 1944 erstmals Bomben auf Reiswerder fielen und dabei ein gutes Dutzend Lauben zerstörten, konzentrierten sich hier auf gerade einmal 3,5 ha Fläche Pächter und Angestellte eines kleinen landwirtschaftlichen Betriebs, wehrunfähige Sommer- und Wochenendurlauber sowie die versprengten, ebenfalls nicht frontfähigen Mitglieder eines Vereins von ungewisser politischer Richtung. Dazwischen – versteckt und auf Rettung hoffend – die untergetauchten Jüdinnen und Juden von Reiswerder. Dass wir heute überhaupt von ihnen wissen, ist Naturfreundin Katri Kuusimäki zu danken, die vor Jahren erste Spuren in der Gedenkstätte Deutscher Widerstand entdeckte. Das vorliegende Buch von Christiane Carstens erzählt nun das ganze Schicksal der Betroffenen und leistet so nicht nur einen wertvollen Beitrag zur Sozialgeschichte deutscher Juden im Holocaust, sondern ergänzt zugleich ein neues, wenn auch dunkles Kapitel der Vereinsgeschichte des VNBR. Für uns als heutige Vereinsmitglieder steht die Tragödie des 23. August 1944 aber auch ganz allgemein für die perspektivbedingte Ambivalenz von vertrauten Sehnsuchtsorten. An jenem Mittwochmittag, als die Beamten der Gestapo das Inselufer von Reiswerder mit dem Ruderboot erreichten, strahlte die Sonne ebenso wie sonst im Sommer, heiter zwischen weißen Wolken, bei angenehmen 23 °C.

Berlin, im März 2019

Lothar Berndorff
2. Vorsitzender des Vereins der
Naturfreunde Baumwerder-Reiswerder e. V. 1914

Die Insel Reiswerder im Tegeler See

1944 wird eine Gruppe jüdischer Frauen und Männer von der Insel Reiswerder nach Auschwitz und Buchenwald deportiert. Es sind „Untergetauchte", „U-Boote", wie sie sich später selber nennen. 18 Monate leben sie auf der Insel unerkannt und geschützt, kennen einander nicht. Doch alle werden gemeinsam am Mittwoch, dem 23. August 1944 entdeckt und verhaftet.

Was ist geschehen? Wer sind diese Menschen und was wird ihr weiteres Schicksal sein? Warum die Insel Reiswerder?

Eine Spurensuche im Norden Berlins

Baumwerder um 1930

Reiswerder um 1950

Das Teves-Werk in Berlin-Reinickendorf, ca. 1936

Margarete und Wilhelm Daene

Die Alfred Teves Werke Berlin und Gerda Lesser

Die 1911 gegründete Alfred Teves Maschinen-Armaturenfabrik (ATE) hat sich auf hydraulische Bremssysteme und später auch auf elektrische Kühlschränke und Kühlanlagen spezialisiert. 1936 verlegt sie ihren Sitz von Frankfurt nach Berlin-Tegel. Die Geschäftsleitung der Teves Werke Berlin übernimmt Herr Karlein, Sozialist und Gewerkschafter. Einer der ersten Angestellten wird Werkmeister Wilhelm Daene, ein gelernter Maschinenbauer. Ihm wird 1941 die Leitung einer Abteilung anvertraut, in der 120 jüdische Zwangsarbeiterinnen beschäftigt sind. Unter ihnen ist auch die 15-jährige Gerda Lesser.

Mitte 1942 beginnen die Deportationen von jüdischen Zwangsarbeiterinnen aus Daenes Abteilung. In den meisten Fällen gelingt es ihm zunächst, die Frauen unter Hinweis auf die kriegswichtige Produktion in seiner Abteilung als unentbehrlich zu reklamieren. Doch als die Deportationen der jüdischen Arbeiterinnen nicht mehr zu verhindern sind, beginnt Daene, mögliche Verstecke zur Rettung der Frauen zu erkunden. Drei von ihnen beherbergt das Ehepaar Margarete und Willi Daene ab November 1942 selbst: Gerda Lesser, Lola Alexander und Ursula Finke. Alle leben jetzt auf dem etwa zwei Hektar großen Anwesen der Eltern von Margarete Daene in Berlin-Konradshöhe. Es liegt gut geschützt vor neugierigen Blicken am Ende einer langen Straße, von hochgewachsenen Hecken umgeben. Die Hinterseite führt direkt zum Tegeler See. Im Haupthaus wohnen die Eltern Rentsch, im ersten Stock der Jagdhütte Margarete und Wilhelm Daene mit ihrer Tochter und unter dem Dach die drei „Untergetauchten".

Gerda Lessers Versteck in Konradshöhe
oben und links: das Häuschen der Eltern von Margarete Daene in Konradshöhe; unten rechts: der Zugang zum Wasser

Konradshöhe – Gerda Lessers erste Unterkunft

Das Ehepaar Daene bittet die 17-jährige Gerda Lesser, nur mit Kopftuch in den Garten zu gehen – oder ganz versteckt im Haus zu bleiben. Margarete Daene beschreibt Gerda in einem Interview als „so ein schönes Mädchen. Ganz blasse Haut, ganz schwarzes Haar, ein ganz zartes Mädchen. So ein schönes Kind. Ich habe sie so geliebt. Die hat meinen Eltern im Haushalt und im Garten geholfen. Aber die haben wir nicht rausgelassen. Die sah zu jüdisch aus. Und wenn, dann nur mit Kopftuch."

Ab und zu rudert Margarete Daene mit ihrem Kahn auf die Insel Reiswerder zu Harry Bonus, mit dem sie befreundet ist. Harry ist Fischer, er hat die Fischereirechte rund um Reiswerder noch vom „alten Fritz". Er arbeitet nur noch nachts, da ihm das Fischen jetzt verboten ist. Volkseigentum sei der See, heißt es. Doch Lebensmittel sind knapp und nur über Lebensmittelkarten zu erwerben, an denen die im Haushalt lebenden Personen zu erkennen sind. Denn nur wer gemeldet ist, erhält Lebensmittelkarten. Verteilt werden sie durch ausgewählte Personen. Jede Woche neu. Bei der Familie Daene/Rentsch kommt regelmäßig eine Lehrerin zu Besuch. Doch niemand bemerkt die „Untergetauchten".

Am 8. August 1944 kommt es zu einer Katastrophe. Ursula Finke verabredet sich mit einem Bekannten auf dem Bahnhof Gesundbrunnen. Sie hat ihm vorher anvertraut, dass sie illegal lebt. Als sie zum vereinbarten Zeitpunkt auf dem Bahnhof eintrifft, sieht sie ihren vermeintlichen Freund mit zwei Gestapobeamten.

Gerda Lesser in Konradshöhe
Die illegale Wohnstätte der 17-jährigen Gerda Lesser bis zum 8. August 1944. Heute steht hier eine Wohnanlage, Aufnahme 2017.

Reiswerder – das neue Versteck von Gerda Lesser

Der Freund ist ein „jüdischer Greifer" namens Gerhard Behrendt. Ursula Finke handelt blitzschnell. Ohne zu zögern, springt sie auf die Gleise der S-Bahn, auf denen gerade ein Zug einfährt. Ihr wird die Ferse eines Fußes abgefahren. Sie wird in das jüdische Krankenhaus an der Ecke Schulstraße/ Iranische Straße gebracht. Dies ist nicht nur ein Hospital für kranke jüdische Männer und Frauen, sondern dient der Gestapo zugleich als Sammellager. Geleitet wird es von Walter Dobberke, Angestellter im „Judenreferat" der Berliner Staatspolizeileitstelle, das die Deportation der Berliner Juden durchführt. Dobberke ist für seinen Jähzorn und seine Grausamkeit bekannt, der Direktor des Krankenhauses, Dr. Walter Lustig, für seine medizinischen Experimente. An Ursula Finke will er beweisen, dass ein derart verletzter Fuß nicht amputiert werden muss, sondern erhalten werden kann. Dies rettet sie vor dem Abtransport nach Auschwitz.

Lola Alexander wird Zeugin der Vorgänge am Gesundbrunnen und benachrichtigt sofort Margarete Daene, die nun verzweifelt eine neue Unterkunft für Gerda Lesser sucht. Lola selbst findet Unterschlupf bei einer Freundin in Lichtenberg. Am 10. August ist auch das Ausweichquartier für Gerda Lesser gefunden, auf der Insel Reiswerder, bei zwei ebenfalls „Untergetauchten", dem Ehepaar Fleck. Das Versteck ist zunächst nur für zehn Tage vorgesehen, spätestens am 22. August will Margarete Daene Gerda zurückholen. Zu diesem Zeitpunkt befinden sich noch zwei weitere „U-Boote" auf der Insel: Hermann Dietz und Lotte Basch. Sie wohnen wie die Familie Fleck seit 1943 unter falschen Namen in kleinen, nicht winterfesten Wohnlauben – ohne Papiere, ohne den verordneten Stern, ohne Lebensmittelkarten, ohne polizeiliche Meldung.

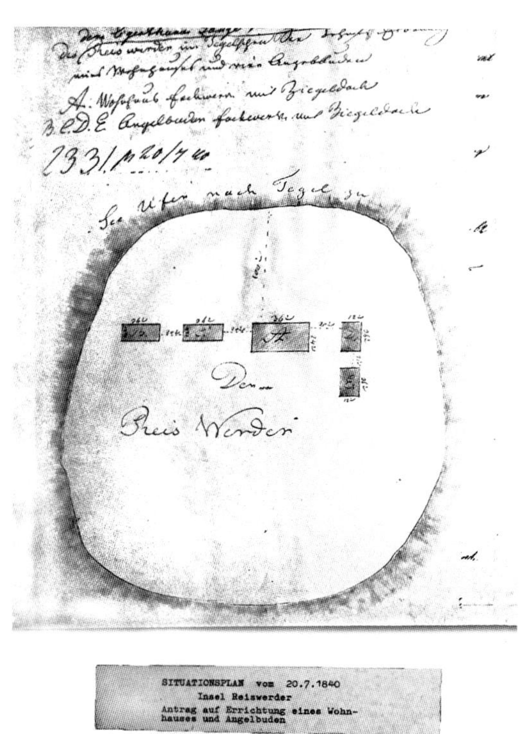

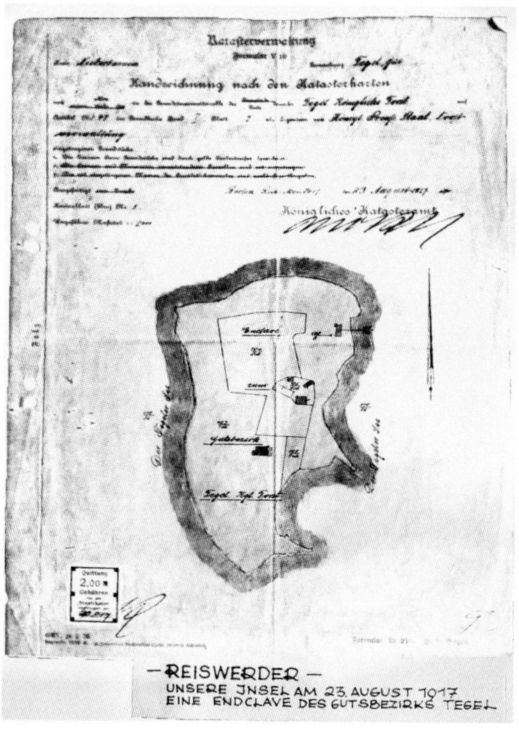

Reiswerder 1840-1917

Reiswerder 1840

Reiswerder 1917

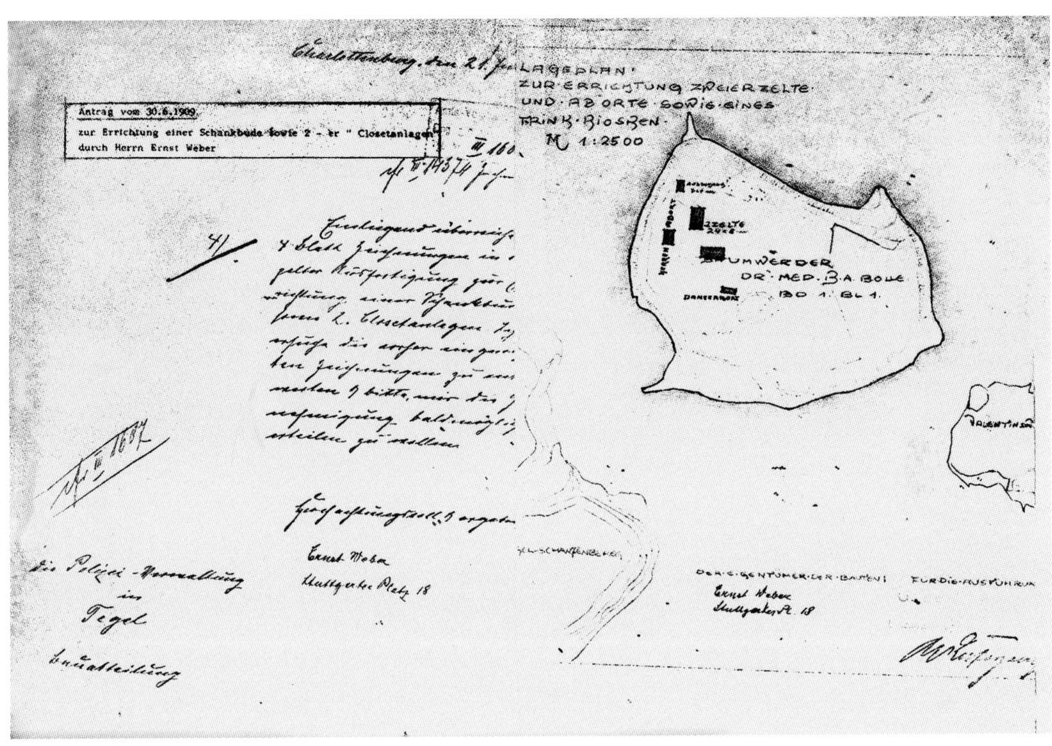

Charlottenburg, den 21. Juli

Antrag vom 30.6.1909
zur Errichtung einer Schankbude sowie 2 - er " Closetanlagen"
durch Herrn Ernst Weber

Ernst Weber
Stuttgarter Platz 18

An die Polizei-Verwaltung
in
Tegel
Bauabteilung

Reiswerder 1909

Eidesstattliche Versicherung.

ıterzeichneter, bestätige Fräulein Lotte B a s c h , geboren 3.11.1915 in
'Schlesien, wohnhaft Berlin-Zehlendorf-West, Gobineaustrasse 6, zur Vorlage
· Visastelle des Amerikanischen Konsulates, Berlin-Dahlem, Gelffertstrasse 55,
.• in der Zeit vom Juni 1942 bis August 1944 illegal, ohne polizeiliche Anmeldung
ıe Lebensmittelkarten in Berlin gelebt hat. Vom Juni 1942 bis Juni 1943 hat Frl.
n verschiedenen Stellen in Berlin gelebt. Vom Juni 1943 bis zu ihrer Verhaftung
st 1944 lebte sie auf der Insel Reiswerder bei Berlin-Tegel. Dort erfolgte auch
rhaftung auf Grund eines Verrates des Gestapospitzels Peter Friedländer, welcher
chen Tage eine andere jüdische illegal dort lebende Familie namens Fleck der
übergab.
cheinige, diese Angaben nach bestem Wissen und Gewissen gemacht zu haben.

Hermann Dietz 72710

den 9. August 1946.
ändige Unterschrift des

Berlin-Charlottenburg 4,
Droysenstrasse 3 I.

Polizeipräsident in Berlin · 161. Polizeirevier

orf, den 12. 8. 1946
161. Polizeirevier

Gebühr — RM.
Geb.-Buch Nr. /46

Eidesstattliche Versicherung von Hermann Dietz
im Rahmen seines Entschädigungsverfahrens 1946 (Ausschnitt)

Die Verhaftung

Im Spätsommer 1944 kommt es zu einem weiteren tragischen Zwischenfall. In den Teves Werken ist kurze Zeit eine kleine Widerstandsgruppe aktiv. Anfang August wird eines ihrer Mitglieder in einen Verkehrsunfall verwickelt. In seinem Fahrzeug wird ein illgales Flugblatt gefunden. Bei den nun folgenden Verhaftungen und Verhören, die sich bis in den September ziehen, tauchen Spendenlisten mit Namen auf, die auch Willi Daene mit 80 RM aufführen. Am 22. August 1944 wird er festgenommen und zur Vernehmung in das Polizeipräsidium am Berliner Alexanderplatz gebracht. Den Grund für seine Verhaftung kennt er nicht. Margarete Daene vermutet einen Zusammenhang mit der Verhaftung von Ursula Finke und befürchtet weitere Hausdurchsuchungen. Am Mittwoch, dem 23. August 1944 rudert sie am Mittag nach Reiswerder, um mit den Flecks das weitere Vorgehen abzustimmen. Gerda Lesser bricht über der Nachricht der Verhaftung von Willi Daene weinend zusammen. Daher beschließen Margarete Daene und das Ehepaar Fleck, zur weiteren Besprechung in das Restaurant Müller nach Tegelort zu rudern. Gerda Lesser bleibt auf der Insel zurück.

Im Restaurant verlässt Margarete Daene das Ehepaar Fleck für ein paar Minuten. Sie will einen Arbeitskollegen von Willi Daene treffen. Bei ihrer Rückkehr sind die beiden Flecks nicht mehr da. Ein „Gestapospitzel" hat sie als „Untergetauchte" erkannt. Der Spitzel, die Gestapobeamten und das Ehepaar Fleck fahren gemeinsam im Boot zur Insel und finden dort Gerda Lesser. Anschließend durchkämmen die Gestapobeamten die ganze Insel und stoßen dabei auf die anderen „Untergetauchten" – Lotte Basch und Hermann Dietz. Sie alle werden von der Insel Reiswerder in das Sammellager im jüdischen Krankenhaus Schulstraße/Iranische Straße im Wedding gebracht, das von März 1944 bis Kriegsende nunmehr einzige Sammellager in Berlin, die letzte Station vor der Deportation. Mit der Schließung des Lagers in der Hamburger Straße im März 1944 waren auch das Personal der Gestapo und der „jüdische Fahndungsdienst" hierher umgezogen.

Am 5. September 1944 werden Gerda Lesser und das Ehepaar Fleck von Berlin nach Theresienstadt deportiert. Später werden sie getrennt weiter nach Auschwitz verbracht. Lotte Basch wird am 6. September von Berlin direkt nach Auschwitz verschleppt. Hermann Dietz wird bis 6. November 1944 in der Schulstraße gefangen gehalten, dann wird er nach Buchenwald abtransportiert.

Wilhelm Daene wird im Prozess vor dem „Volksgerichtshof" im Dezember 1944 freigesprochen. Aus Furcht vor weiteren Verfolgungen durch die Gestapo taucht er bis Kriegsende unter.

Reiswerder, um 1945

Original Laubenschlüssel von 1944

Der Spitzel

Weder die Helfer noch die „Untergetauchten" wissen zu diesem Zeitpunkt, wie es zu der Verhaftung von Gerda Lesser kommen konnte. Margarete Daene erklärt hierzu 1989 in einem Interview mit der Historikerin Barbara Schieb: „Die Gerda lag unten im Keller in der Schulstraße. Und oben lag die Ursel in der Krankenabteilung. Die hat nicht zugegeben, dass sie sie kannte. Und sie hat dort auch gleich Ausschlag bekommen. Und die Gerda dachte, ich hätte sie angezeigt, ich hätte sie verraten. Oh, mein Gott. Ich habe bisher noch nie darüber geredet."

Erfahren hat Margarete Daene diese Details über eine Krankenschwester, die Lebensmittel gegen Informationen tauschte. Über den Verrat und darüber, wer ihn begangen hat, kann Margarete Daene auch 1989 nichts sagen. Die Überlebenden Hermann Dietz und Lotte Basch erfahren erst nach ihrer Befreiung den Namen des Gestapospitzels, der ihre Verhaftung zu verantworten hat: Peter Friedländer, ein Mann, über dessen Identität bis heute nichts bekannt ist. Erna Fleck, die ebenfalls überlebte, hat vermutet, dass sie und ihr Ehemann von einem Bekannten denunziert wurden. Ob sie den Namen und die Umstände, die zu ihrer Verhaftung geführt haben, jemals erfahren hat, ist nicht bekannt.

Erna Johanna Fleck,
um 1953

Erna Johanna Fleck,
1946

Erna Johanna Fleck 1912–1988

Erna Johanna Marx kommt am 24. April 1912 als Tochter des jüdischen Bäckerehepaares Adele und Moritz Marx im lothringischen Fentsch (Fontoy) zur Welt. Da jüdische Backkunst im Berlin der 1920er-Jahre sehr gefragt ist, zieht die Familie in die deutsche Hauptstadt. Erna besucht hier die Grundschule, anschließend das Chamisso-Lyzeum in Schöneberg und absolviert von 1928 bis 1930 eine kaufmännische Ausbildung zur Expedientin (Handelsvertreterin) bei der Firma Gebr. Mendelsohn. Im Dezember 1933 heiratet sie den Techniker Gerhart Fleck.

Unter der NS-Diktatur kann Erna Fleck ihren Beruf nicht mehr ausüben. Von 1936 bis 1943 arbeitet sie stattdessen bei der Firma Rothe in der Brunnenstraße, einer Fabrik zur Herstellung von Gummimänteln, als Kleberin. Ihre Schwester Else heiratet 1935 den Fleischermeister Hermann Jokisch. Sie verstirbt 1937 im Alter von nur 28 Jahren, zwei Tage nach der Geburt eines toten Jungen. Die ärztliche Versorgung für Jüdinnen und Juden ist zu dieser Zeit bereits nur noch notdürftig. 1938 trifft auch die Familie Fleck/Marx der Erlass vom 12. November: Juden dürfen keine Handwerksbetriebe mehr führen. Das Konditorzubehör und die Backutensilien, die im elterlichen Haus in der Raumerstraße 13 am Helmholtzplatz auf einen selbstständigen Betrieb hinweisen, werden von den Nazis verkauft. Die Wohnung wird versiegelt. Am 13. August 1942 werden Ernas Eltern von der Gestapo verhaftet und nur zwei Tage später mit dem 18. Berliner „Osttransport" nach Riga deportiert. Seither gelten sie als verschollen. Am 8. Mai 1945 werden sie für tot erklärt.

Die Wohnung von Erna Flecks Eltern

Moritz Marx und seine Frau Adele werden am 13. August 1942 in ihrer Wohnung in der Raumerstraße 13, Helmholtzplatz, von der Gestapo verhaftet und am 15. August 1942 nach Riga deportiert. 1945 werden sie für tot erklärt.

Erna Johanna Fleck: Ankunft auf Reiswerder – Deportation – Rückkehr

Im Februar 1943 wird die Wohnung von Erna und Gerhart Fleck in der Wolliner Straße 18–19 von der Gestapo versiegelt. Beide entkommen knapp ihrer Verhaftung, sie können noch einige Koffer und Wertsachen aus der Wohnung retten. Auf Reiswerder kaufen sie von einer ihnen bis dahin unbekannten Familie Neumann eine Laube. Dort tauchen sie am 5. Februar 1943 unter: ohne Papiere, ohne Lebensmittelkarten, ohne Stern. Die Verkäufer und die Bewohner der Insel kennen die beiden nur unter ihrem neuen, falschen Namen „Stutzke", den sie von Margarete Stutzke, der Schwester von Gerhart Fleck entliehen haben.

Nach ihrer Verhaftung am 23. August 1944 werden Erna und Gerhart Fleck sowie Gerda Lesser mit dem Transport 1/116 am 5. September 1944 von Berlin nach Theresienstadt deportiert. Gleich nach der Ankunft wird das Ehepaar am 8. September getrennt. Gerhart Fleck wird am 28. September 1944 nach Auschwitz deportiert, Erna Fleck einige Tage später. Ihre Hoffnung, ihn dort wiedersehen zu können, erfüllt sich nicht. Erna Fleck wird von Auschwitz-Birkenau im Dezember 1944 weiter nach Sackisch, ein Frauen-Außenlager des KZ Groß-Rosen, verschleppt und dort am 8. Mai 1945 befreit. Anfang Juni 1945 kehrt sie gesundheitlich schwer angeschlagen und geschwächt nach Berlin zurück. Unter anderem leidet sie an Typhus, Malaria und einer schweren Unterleibskrankheit. Im Dezember 1945 erhält sie die Nachricht, dass ihr Ehemann Gerhart Fleck vermutlich am 28. oder 29. November 1944 in einem Außenlager von Auschwitz, in Gleiwitz, an Hungertyphus verstorben ist.

Seite 2 Seite 3

Pflichtversicherung Falls im Laufe des Jahres 1946 der Versicherte bei mehr als fünf verschiedenen Arbeitgebern tätig ist, ist Einlageblatt anzufordern. Ist der Versicherte gleichzeitig bei mehreren Arbeitgebern tätig, so sind sämtliche Stellen anzuführen.

Lfd. Nr.	Beschäftigt bei (Firmenstempel und Unterschrift)	Konto-Nr. des Arbeitgebers bei der VAB	Beginn der Beschäftigung	Ende der Beschäftigung	Folgende Beiträge sind in Höhe von 20 v. H. des tatsächlichen Bruttoverdienstes abgeführt RM	Pf.	Kontrollvermerk der Versicherungsanstalt
1.	Harry Bonus Großgarn - Fischerei Berlin-Tegel Insel Reiswerder	541873	3.12.45.	31.12.46 ~~3.1.47.~~	328.	34	
2.							
3.							
4.							
5.							

Freiwillige Versicherung

Achtung! Freiwillige Versicherung besteht nur dann, wenn dies ausdrücklich durch die Versicherungsanstalt schriftlich bestätigt ist und die Monatsmarken laufend geklebt sind. Der Beitrag beträgt 6,— RM monatlich (ohne Krankengeld u. Rente). Über freiwillige Rentenversicherung ergehen noch Bestimmungen.

Kontrollvermerk der Versicherungsanstalt

Januar	Februar	März	April	Mai	Juni	Juli	August	September	Oktober	November	Dezember

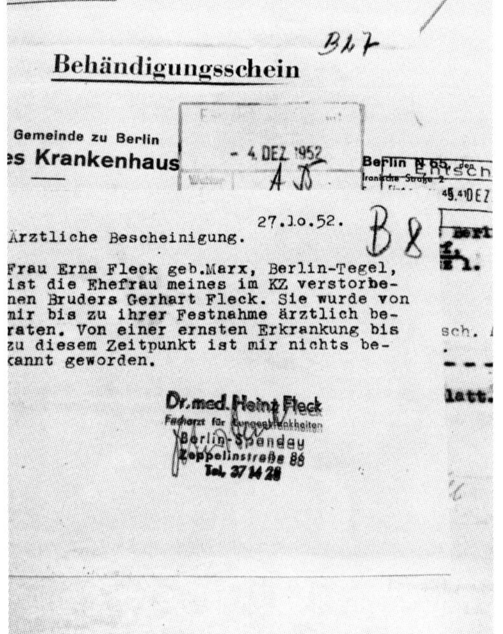

B17

Behändigungsschein

Gemeinde zu Berlin
es Krankenhaus

- 4. DEZ. 1952
A

Berlin N 65

27.10.52.

Ärztliche Bescheinigung.

Frau Erna Fleck geb.Marx, Berlin-Tegel, ist die Ehefrau meines im KZ verstorbenen Bruders Gerhart Fleck. Sie wurde von mir bis zu ihrer Festnahme ärztlich beraten. Von einer ernsten Erkrankung bis zu diesem Zeitpunkt ist mir nichts bekannt geworden.

Dr. med. Heinz Fleck
Facharzt für Lungenkrankheiten
Berlin-Spandau
Zeppelinstraße 88
Tel. 37 14 28

B8

Erna Fleck 1945

Firmenstempel von Harry Bonus aus dem Jahr 1945 für die Einstellung von Erna Fleck auf der Insel

Ärztliche Bescheinigung von Dr. Heinz Fleck, Gerharts Bruder

Da sie keine Wohnung mehr besitzt und mittellos ist, geht Erna Fleck wieder nach Reiswerder. Harry Bonus, der damalige Pächter der Insel, dessen Familie die Flecks auch während ihrer Zeit als „Untergetauchte“ auf Reiswerder unterstützt hat, stellt sie sofort bei sich an. 1947 muss sich Erna Fleck einer Unterleibsoperation unterziehen, eine Folge ihrer KZ-Haft. Da sie sehr lange zögert, der notwendigen Operation zuzustimmen, kann nur vermutet werden, dass sie deshalb keine Kinder bekommen kann. Im Juni 1949 eröffnet sie auf der gegenüber der Insel Reiswerder liegenden Festlandseite am Strand die „Fleck'sche Erfrischungshalle“. Die Geschäfte laufen nicht gut, da sie stark saisonabhängig sind und die Kunden nur im Sommer kommen. Oft steht Erna Fleck mit ihrem Laden vor dem Aus, ist bedroht von Insolvenz, Pfändung und Wohnungsproblemen. Ihre Anträge auf Wiedergutmachung, Sozialhilfezuschuss und Vorschussbitten wandern jahrelang ergebnislos durch den Dschungel der deutschen Behörden. Nach 20 Jahren verliert Erna Fleck die Kraft und erklärt sich zermürbt mit einer kleinen Abfindung von 2000 DM einverstanden.

1988 verstirbt Erna Johanna Fleck in Berlin, direkte Nachkommen gibt es nicht.

Die Fleck'sche Erfrischungshalle 1949

Im Vordergrund: der damalige Fährmann von Reiswerder, Willi Taube

Das DLRG-Haus am ehemaligen Standort von Erna Flecks Kiosk und der Fähranleger für Reiswerder, 2018

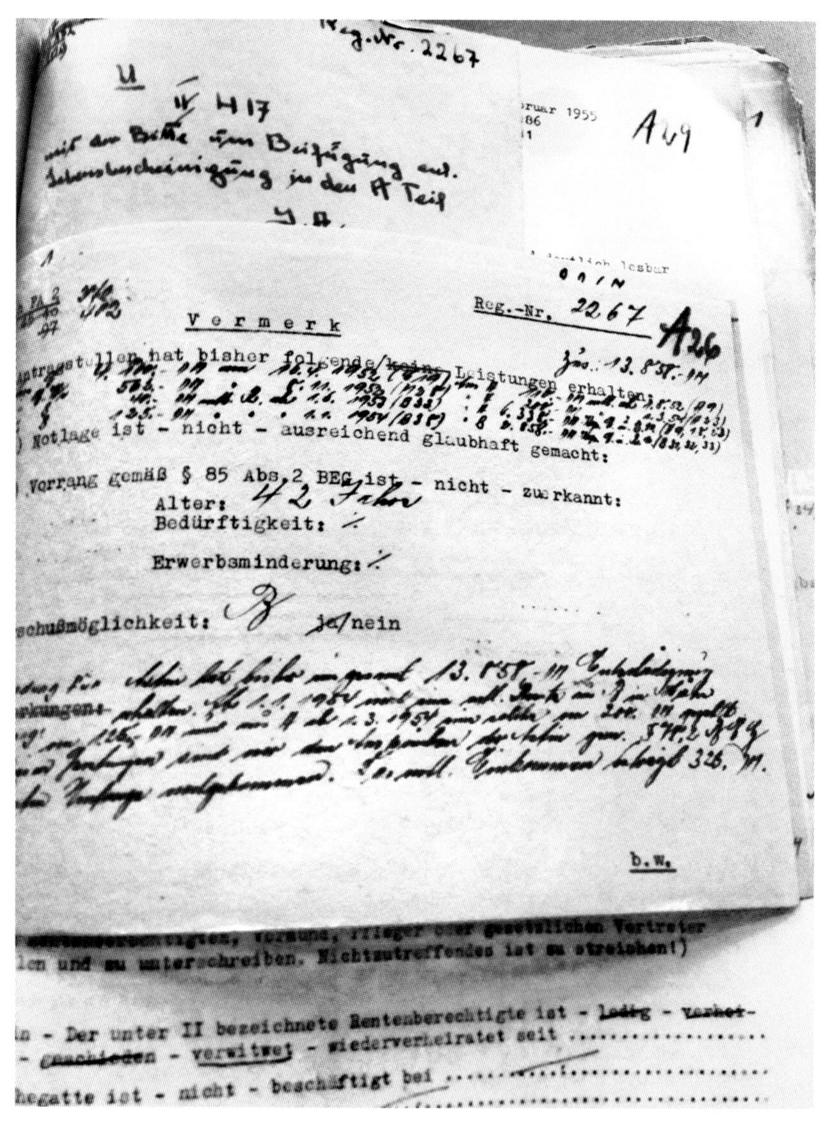

Reg.-Nr. 2267

Vermerk

...stellerin hat bisher folgende/keine Leistungen erhalten:

Notlage ist - nicht - ausreichend glaubhaft gemacht:

Vorrang gemäß § 85 Abs. 2 BEG ist - nicht - zuerkannt:

Alter: 42 Jahre

Bedürftigkeit: ./.

Erwerbsminderung: ./.

...schußmöglichkeit: ja/nein

b.w.

...Nichtzutreffendes ist zu streichen!)

... - Der unter II bezeichnete Rentenberechtigte ist - ledig - verhei-
- geschieden - verwitwet - wiederverheiratet seit ....
...hegatte ist - nicht - beschäftigt bei ....

Ablehnung der Behörde von Erna Flecks Antrag auf Bedürftigkeit vom Februar 1955 – sie habe ihre Notlage „nicht ausreichend glaubhaft gemacht", und auch „ein Vorrang nach § 85 Abs. 2 BEG [Bundesentschädigungsgesetz]" wird „nicht zuerkannt".

Gerhart Fleck 1909–1944

Gerhart Fleck wird am 5. Februar 1909 als Sohn des jüdischen Arztes Dr. Albert Fleck und der evangelisch getauften Helene Fleck, geb. Dahms, in Berlin geboren. Er wächst in Mariendorf auf, an seiner Seite die sechs Geschwister Theodor, Walter, Heinz, Günter, Charlotte und Margarete. Von 1925 bis 1927 besucht Gerhart Fleck die „Vorbereitungsanstalt für alle Schulexamina" von Direktor Fischer in der Zietenstraße 22 in Berlin-Schöneberg. Danach lässt er sich zum Techniker ausbilden, arbeitet lange in diesem Beruf und ist später auch als Elektroschweißer tätig. Am 20. Dezember 1933 heiratet Gerhart Fleck die 21-jährige Jüdin Erna Johanna Marx in Mariendorf. Die Lebensbedingungen der Großfamilie Fleck sollten sich nun unter der NS-Diktatur erheblich verschlechtern. Der Versuch des Familienoberhauptes Albert Fleck, zum Schutz seines christlichen Familienteils vom Judentum zum Quäkertum zu konvertieren, scheitert an den immer weiter verschärften Gesetzen der Nationalsozialisten.

Durch die Eheschließung mit Erna gilt Gerhart Fleck in der NS-Zeit als „Geltungsjude" und ist somit ab 1941 verpflichtet, den gelben Stern zu tragen. Auch er ist jetzt von der Deportation bedroht. Im Februar 1943 entgeht Gerhart Fleck diesem Schicksal knapp, bevor Ende des Monats in den Betrieben die Verhaftungen jüdischer Zwangsbeschäftigter, die sogenannte Fabrikaktion, einsetzt, bei der auch die letzten noch verbliebenen Juden und Jüdinnen aus Berlin verschleppt werden sollen, damit die „Reichshauptstadt" gänzlich „judenfrei" wird. Gerhart Fleck leistet zu diesem Zeitpunkt Zwangsarbeit bei Osram, wird jedoch rechtzeitig gewarnt. Gemeinsam mit Erna beschließt er, sich zu verstecken und fortan illegal zu leben.

Am 5. Februar 1943, Gerharts 34. Geburtstag, legen er und Erna den gelben Stern ab und tauchen auf Reiswerder unter, bis sie hier am 23. August 1944 verhaftet werden. In Theresienstadt wird Gerhart Fleck von Erna getrennt und am 28. September 1944 weiter nach Auschwitz transportiert. Hier ist er vermutlich am 28. oder 29. November 1944 im Lager Gleiwitz, einem Außenlager des KZ Auschwitz, an Hungertyphus verstorben.

Wolliner Straße 18/19

Der letzte „legale" Wohnort von Erna und Gerhart Fleck. Am 5. Februar 1943 gehen sie von hier aus in die „Illegalität" auf die Insel Reiswerder. Heute steht hier ein Haus mit Eigentumswohnungen.

Gerda Lesser 1925-1944

Gerda Lesser kommt am 22. Oktober 1925 als Tochter des jüdischen Kaufmanns Hugo Lesser (* 18. Februar 1884 in Berlin) und Else Lesser, geb. Willig (* 16. November 1888 in Berlin), zur Welt. Ihr Vater gründet 1917 ein Damenkonfektionsgeschäft in der Turmstraße 46 im Stadtteil Moabit, wo Gerda auch aufwächst. Ihre Mutter ist Hausfrau. Hugos Bruder Max (* 3. Dezember 1878 in Berlin) wird ebenfalls in der Textilbranche tätig und Inhaber der Max Lesser jr. GmbH Textil und Bekleidung in der Mohrenstraße 42–44. Nach den Pogromnächten im November 1938 müssen die Brüder Hugo und Max Lesser laut einer neuen Zwangsverordnung vom 23. November 1938 „zur Ausschaltung der Juden aus dem deutschen Wirtschaftsleben" ihre Firmen auflösen. Sie dürfen von nun an kein Geschäft und auch keinen Handwerksbetrieb mehr führen. 1939, mit Beginn des Krieges, zieht Gerda Lesser mit ihren Eltern in den Prenzlauer Berg, in die Allensteiner Straße 38 – linker Seitenflügel, II. Stock (heute Liselotte-Herrmann-Straße). Ganz in der Nähe wohnen ihr Onkel Max und ihre Tante Emma Matzner, geb. Lesser (* 7. März 1874 in Berlin). Max Lesser zieht von der Elbinger Straße 55, wo er noch 1931 gewohnt hat, zu seiner Schwester Emma Matzner in die Elbinger Straße 47 (I. Stock). Beide Umzüge sind vermutlich eine Folge des „Gesetzes über Mietverhältnisse mit Juden" vom 30. April 1939, das den Kündigungsschutz für jüdische Mieter faktisch aufhebt; belegen lässt sich dies nicht. Das Geschäft von Hugo Lesser wird 1940 aus dem jüdischen Gewerberegister gelöscht. Seine Berufsbezeichnung im Adressbuch lautet fortan „Rentner".

Hugo Lesser verstirbt am 11. Juli 1940 im Alter von nur 56 Jahren und wird am 13. Juli auf dem Jüdischen Friedhof in Berlin-Weißensee beigesetzt. Einen Monat später, am 6. August 1940, verstirbt ein weiterer Onkel von Gerda Lesser, Theodor Lesser (*28. Dezember 1881). Er wird gleich neben der Grabstelle von Hugo Lesser bestattet. Für Else Lesser reserviert Max Lesser eine Nebengrabstelle, die aber nie belegt wird.

Gerdas Onkel Max wird am 27. Oktober 1941 in das Ghetto Litzmannstadt (Łódź) verschleppt, wo er am 9. Mai 1942 umkommt. Else Lesser wird am 12. März 1943 mit dem „36. Osttransport" deportiert und gilt seither als verschollen. Gerdas Tante Emma Matzner wird am 16. Juni nach Theresienstadt und von dort am 18. Dezember weiter nach Auschwitz deportiert und ermordet. Gerda Lesser wird am 5. September 1944 mit dem Transport I/116 von Berlin nach Theresienstadt verschleppt und von dort aus am 1. Oktober 1944 weiter nach Auschwitz, wo das jüdische Mädchen noch am gleichen Tag ermordet wird. Gerda Lesser durfte nur 18 Jahre alt werden.

Turmstraße 43-46, 1930

Das Geschäft und die Wohnung von Hugo Lesser in der Turmstraße 46 liegen neben dem Geschäft Schuhhof Haus Nr. 45 (Bildmitte)

Turmstraße 85, 1934

Ein Süßwarenladen um 1934 gegenüber der Volksschule Turmstraße 85. Gerda Lesser wächst in der Turmstraße auf und ist zu diesem Zeitpunkt Schulkind.

Turmstraße 46

Der Hinterhof des Wohnhauses Turmstraße 46

Der letzte Wohnort der Familie Lesser

Allensteiner Straße 38, heute Liselotte-Herrmann-Straße. Gerda Lessers Mutter Else wohnte hier, bis sie am 12. März 1943 nach Auschwitz deportiert und ermordet wurde.

Der Jüdische Friedhof in Berlin-Weißensee

Die Gräber der Brüder Lesser in Weißensee

Oben: das Grab von Hugo Lesser, unten: das Grab seines Bruders Theodor Lesser. Eine weitere Grabstelle war für Else Lesser reserviert, sie wurde jedoch 1943 deportiert.

Hermann Dietz, ca. 1952

geb. am
Wohnung a) jetzt
b) z. Zt.
Erlernter Beruf
Familienstand
Name der Kinder

Haben Sie bereits
Sind Sie anerkannt?

2. **Für Hinterbliebene**

a) Name

geb. am
Verwandtschaftsgra
b) In welchem Lager
An den Folgen der
Angegebene Tod

Entschädigungsakte von Hermann Dietz (Ausschnitt)

Hermann Dietz 1907-1981

Hermann Dietz kommt am 15. Juli 1907 als Sohn des Kunstmalers Georg Ludwig Dietz (katholisch) und dessen Ehefrau Hedwig, geb. Isaak, in Frankfurt am Main zur Welt. Seine Mutter ist Jüdin. Das Kind wird christlich getauft und besucht von 1914 bis 1922 die Volksschule in Frankfurt. Nach der Ausbildung bleibt Hermann Dietz zunächst als kaufmännischer Angestellter in seiner Heimatstadt. 1930 zieht er nach Dortmund und nimmt eine Stellung im Deutschen Familien-Kaufhaus (DEFAKA) an. Im April 1935 beurlaubt ihn die DEFAKA überraschend und kündigt ihm anschließend. Sein dagegen erhobener Einspruch wird jedoch mit politischen und „rassischen" Begründungen abgelehnt. Denn Hermann Dietz ist vor 1933 Mitglied des Reichsbanners Schwarz-Rot-Gold gewesen, einem seit 1933 verbotenen Wehrverband zum Schutz der demokratischen Republik.

Zum 31. Dezember 1935 wird Hermann Dietz entlassen. Er zieht nach Frankfurt zu seiner Mutter zurück. Erst im August 1936 findet er bei der Kurt Altmann Strickwarenfabrik in Lichtenstein/Callenberg als Handelsvertreter wieder Arbeit. Doch dies währt nicht lange. Schon im Juni 1937 wird er erneut entlassen. Begründung: Hermann Dietz gilt in den Augen der Geschäftsführung nicht als „arisch", sondern als „Mischling 1. Grades", da seine Mutter Jüdin ist. Nach dieser Kündigung geht Dietz nach Berlin, wo er jedoch keine neue Anstellung findet. Daher arbeitet er „schwarz" für Bekannte. 1938 wird er für einige Monate zu militärischen Übungen herangezogen. Vom 26. August 1939 bis zum 31. Mai 1941 muss Hermann Dietz Kriegsdienst in der Deutschen Wehrmacht leisten. Dann aber wird er entlassen, da mit Verfügung vom 8. April 1940 „Halbjuden" keinen Wehrdienst mehr leisten sollen.

Nach seiner Rückkehr nach Berlin wohnt Hermann Dietz an verschiedenen Orten zur Untermiete, unter anderem bei einer Frau Thiele in der Uhlandstraße, wo er später auch Lotte Basch unterbringt. Er nimmt eine Arbeit bei der Firma Kettlitz an, wo er bis zu seiner Verhaftung bleibt. Über die Firma Kettlitz liegen keine genaueren Angaben vor. Als das Haus in der Uhlandstraße im November 1943 ausgebombt wird, zieht Dietz auf die Insel Reiswerder. Frau Thiele sowie Hermann Dietz haben dort bereits ein Häuschen, seit wann, ist nicht überliefert.

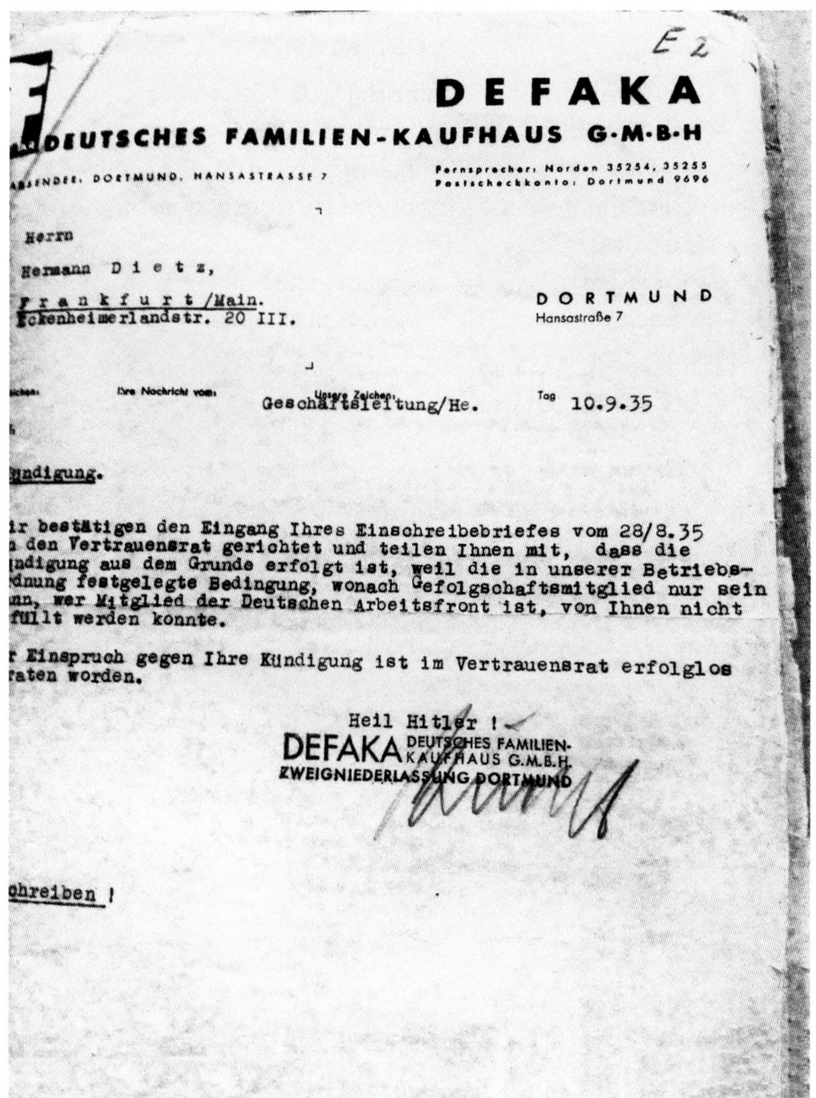

E 2

DEFAKA
DEUTSCHES FAMILIEN-KAUFHAUS G·M·B·H

ABSENDER: DORTMUND, HANSASTRASSE 7

Fernsprecher: Norden 35254, 35255
Postscheckkonto: Dortmund 9696

Herrn

Hermann D i e t z,

F r a n k f u r t /Main.
Eckenheimerlandstr. 20 III.

DORTMUND
Hansastraße 7

Ihre Nachricht vom: | Unsere Zeichen: Geschäftsleitung/He. | Tag 10.9.35

ündigung.

ir bestätigen den Eingang Ihres Einschreibebriefes vom 28/8.35
n den Vertrauensrat gerichtet und teilen Ihnen mit, dass die
ündigung aus dem Grunde erfolgt ist, weil die in unserer Betriebs-
rdnung festgelegte Bedingung, wonach Gefolgschaftsmitglied nur sein
nn, wer Mitglied der Deutschen Arbeitsfront ist, von Ihnen nicht
füllt werden konnte.

r Einspruch gegen Ihre Kündigung ist im Vertrauensrat erfolglos
raten worden.

Heil Hitler !

DEFAKA DEUTSCHES FAMILIEN-KAUFHAUS G.M.B.H.
ZWEIGNIEDERLASSUNG DORTMUND

chreiben !

Das Kündigungsschreiben an Hermann Dietz
vom 10. September 1935

Hermann Dietz nach seiner Verhaftung

Nach seiner Verhaftung auf Reiswerder am 23. August 1944 kommt Hermann Dietz in das Sammellager Schulstraße im Wedding. Erst am 27. Oktober 1944 wird ein Schutzhaftantrag gegen ihn gestellt. Die Begründung lautet den Akten zufolge: „Begünstigung von flüchtigen Juden". Dietz selbst erhält keine Auskunft über den Grund seiner Verhaftung. Am 6. November 1944 wird er als politischer Häftling in das KZ Buchenwald deportiert. Hier trifft er im Februar 1945 auch auf Heinz Otto Schützer, der sich nach dem Krieg als Bürge und Zeuge für Hermann Dietz einsetzt.

Beide Männer verbindet ein ähnliches Schicksal, hatte doch Dietz einst in der Berliner Zeit versucht, Schützer das Leben zu retten. Beide arbeiteten damals in der gleichen Firma, bis Dietz in einem Büro einen Schreibmaschinendurchschlag mit einer anonymen Anzeige wegen „Judenbegünstigung" gegen Schützer entdeckte. Er versuchte, dessen Schwester zu informieren. Doch seine Warnung kam zu spät. Heinz Otto Schützer wurde am 23. August 1943 nach Buchenwald deportiert. Später bezeugt er, dass Hermann Dietz in Buchenwald den „roten Winkel" trug, der politische Gefangene kennzeichnete.

Am 11. April 1945 werden Dietz und Schützer von den Amerikanern aus dem KZ Buchenwald befreit. Hermann Dietz wird zum Sprecher, Organisator und Blockältesten seiner Unterkunftsbaracke gewählt. Eine Heimfahrt ist ihm aus gesundheitlichen Gründen noch nicht möglich. Erst am 8. Juni 1945 wird er aus Buchenwald entlassen und am 15. Juni 1945 mit einem Transport zurück nach Berlin gebracht. Sein später ausgestellter Beschädigtenausweis gibt eine 36-prozentige Behinderung an, genannt werden ein schweres Augenleiden,

Reiswerder um 1945

Herzleiden, Ausschlag, eine Rückenverletzung und eine Gehbehinderung. Dabei ist Hermann Dietz erst 38 Jahre alt.

Nach seiner Entlassung kehrt er auf die Insel Reiswerder zurück und macht sich auf die Suche nach einer Wohnung. Im September 1945 findet er eine Arbeitsstelle in einer Ost-Berliner Firma, dem späteren Konsum. Dort bleibt Hermann Dietz bis zum Juli 1949.

Hermann Dietz und die „131er"

Im Juli 1949 wandert Hermann Dietz in die USA aus, kommt jedoch aus gesundheitlichen Gründen im Dezember 1950 zurück nach Berlin. Wieder wohnt Dietz kurzzeitig auf Reiswerder. Er ist nach seiner Rückkehr arbeitslos. Im Rahmen des Notstandsprogramms des West-Berliner Magistrats kommt Dietz über verschiedene Beschäftigungsmaßnahmen immer wieder in kurzfristige Arbeitsverhältnisse. Doch keines ist von Dauer. Denn in der jungen Bundesrepublik haben zunächst nur jene ohne Weiteres einen gesetzlichen Anspruch auf eine langfristige Weiterbeschäftigung, die als Arbeiter oder Angestellten bei Kriegsende „im öffentlichen Dienst standen" und „aus anderen als beamten- oder tarifrechtlichen Gründen" ausgeschieden waren (Artikel 131 Grundgesetz), darunter nicht selten auch Personen, die stark in das nationalsozialistische System eingebunden waren.

Hermann Dietz indessen gehört nicht zum Personenkreis der sogenannten „131er" und bekommt dies zu spüren, wenn er sich bei den Arbeitsämtern vorstellt. Seine verzweifelte Lage lässt sich einem Schreiben an den damaligen Senator für Arbeit und Sozialwesen aus dem Jahr 1954 entnehmen, in dem er von Arbeitsämtern berichtet, die bevorzugt „131er" vermitteln. Hermann Dietz erklärt, dass er nun 46 Jahre alt sei und verheiratet, dass er immer gearbeitet habe, bis die Nationalsozialisten ihn aus der Arbeits- und Lebenswelt ausgeschlossen und schließlich ihn wie auch seine Mutter deportiert hätten. Er berichtet von unendlichem Leid unter der NS-Herrschaft, gesundheitlichem und seelischem. Und dass er nun befürchte, nach dem Krieg durch den Artikel 131 erneut aus der Gesellschaft ausgestoßen zu werden. Sein Brief wird in freundlich-höflichem Ton, aber ablehnend beantwortet.

Hermann Dietz bleibt ohne Arbeit und lebt weiter in seiner Laube auf der Insel Reiswerder. Hier schafft er sich seinen eigenen Tätigkeitsbereich: Er schließt Freundschaft mit Margarete Bonus, die den Süden der Insel bewirtschaftet, und vermittelt u. a. den Zusammenschluss der beiden ansässigen, aber verfeindeten Laubengemeinschaften.

1972 droht Dietz sein Häuschen auf Reiswerder zu verlieren. Laut Landschaftsaufbauplan des Bezirksamtes Reinickendorf für die Inseln im Tegeler See soll es abgerissen werden. In einem Ehrenantrag des Koordinierungsrates der Gesellschaften für Christlich-Jüdische Zusammenarbeit e. V. wird Hermann Dietz 1972 zur öffentlichen Ehrung für das Bundesverdienstkreuz vorgeschlagen. In der Begründung wird seine prekäre Wohnlage deutlich. Die Bitte lautet: Sollte der Vorschlag nicht zu einer besonderen Ehrung – für die selbstlose Hilfe an Lotte Basch – führen, so möge man wenigstens dafür sorgen, dass ihm seine Wohnlaube auf Reiswerder erhalten bleibe. Da Dietz als Opfer des Faschismus Leistungen nach dem Bundesentschädigungsgesetz bezieht, wird ihm eine Ehrenunterstützung schließlich nicht zugesprochen. Dafür aber wird auf Reiswerder ein Kompromiss gefunden. Das Häuschen von Hermann Dietz darf stehen bleiben. Es muss erst abgerissen werden, wenn er oder seine Gattin aus dem Verein ausscheiden. Seine Laube lag im südlichen Inselbereich, der heute als Landschaftsschutzgebiet nicht mehr zugänglich ist.

Das Beispiel Hermann Dietz verweist noch heute geradezu exemplarisch auf die Mängel und Ungerechtigkeiten der bundesrepublikanischen Gesetzgebung gegenüber den Holocaust-Opfern und den Verfolgten des Naziregimes nach dem Zweiten Weltkrieg.

20 Minuten setzt die Fähre von der Jungfernheide zur idyllischen Insel Reiswerder über Foto Sticha

Auf Reiswerder droht die Vertreibung aus dem Paradies

Immer weniger Schilf und Brutplätze im Schutzgebiet

Hermann Dietz droht erneut alles zu verlieren.

Zeitungsartikel von 1972

Reiswerder um 1952

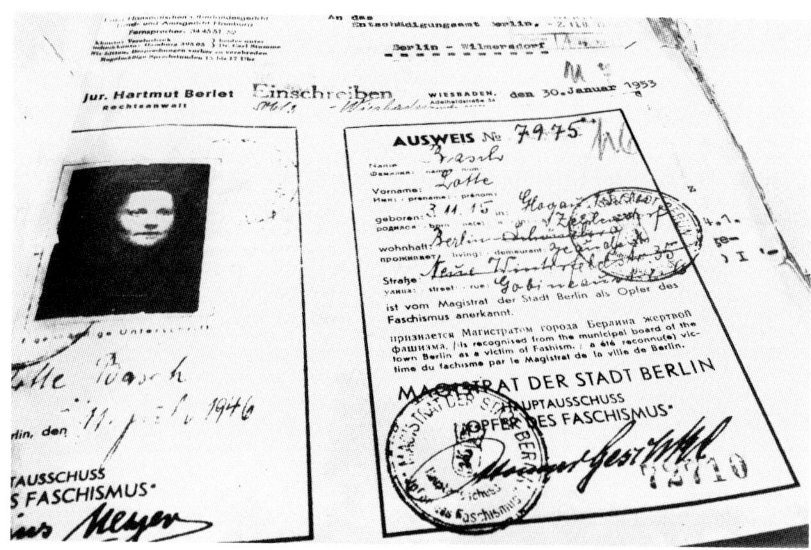

An das
Entschädigungsamt Berlin,
Berlin - Wilmersdorf

jur. Hartmut Berlet
Rechtsanwalt

Einschreiben

WIESBADEN, Adelheidstraße 54, den 30. Januar 1953

AUSWEIS № 7975

Name: Basch

Vorname: Lotte

geboren: 3.11.15 in: Glogau

wohnhaft: Berlin

Straße:

ist vom Magistrat der Stadt Berlin als Opfer des Faschismus anerkannt.

признается Магистратом города Берлина жертвой фашизма. / is recognised from the municipal board of the town Berlin as a victim of Fashism. / a été reconnu(e) victime du fachisme par le Magistrat de la ville de Berlin.

MAGISTRAT DER STADT BERLIN
HAUPTAUSSCHUSS
„OPFER DES FASCHISMUS“

Lotte Basch

Berlin, den 11. 1946

Ausweis von Lotte Basch
als anerkanntes „Opfer des
Faschismus" aus dem Jahr 1946

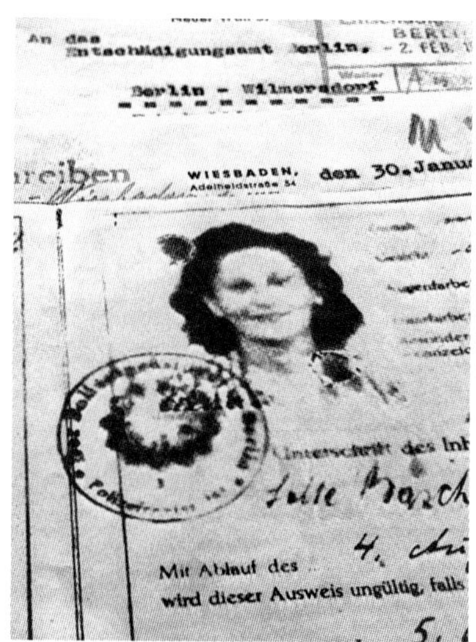

An das
Entschädigungsamt Berlin,
Berlin - Wilmersdorf

WIESBADEN, Adelheidstraße 54, den 30. Janu

Unterschrift des Inh

Lotte Basch

Mit Ablauf des
wird dieser Ausweis ungültig, falls

Ausweis von Lotte Basch aus
dem Jahr 1946 (Ausschnitt)

Lotte Basch 1915-1994

Lotte Basch wird am 3. November 1915 in Glogau (Schlesien) als Kind jüdischer Eltern geboren. Der Vater ist Bruno Basch (*11. Januar 1882 in Koschmin), die Mutter Frieda Basch, geb. Krzesny (* 22. Mai 1880 in Lautenberg, Westpreußen). Die Eltern ziehen mit Lotte und ihrem Bruder Heinz-Georg (später Henry) nach Berlin-Schöneberg, wo Lotte die Höhere Mädchenschule von Grossche bis zur Mittleren Reife besucht. Ihr Vater ist Angestellter der jüdischen Gemeinde. 1933 wohnt die Familie Basch in der Luitpoldstraße 38 im 2. Stock. In diesem Jahr beginnt Lotte eine Lehre als „Putzmacherin" (Hutmacherin) bei der Firma Gerichter Conrad Sonja am Kurfürstendamm. Nach ihrer dreijährigen Ausbildung wird Lotte Basch im Damenkaufhaus Hugo Lesser als Verkäuferin in der Damenhutabteilung übernommen.

Nach den Pogromnächten vom 7. bis zum 10. November 1938 wird Hugo Lesser gezwungen, sein Geschäft aufzulösen. Da es Juden laut Verordnung vom 23. November 1938 nicht mehr erlaubt ist, ein Geschäft oder einen Handwerksbetrieb zu führen, muss auch Hugo Lesser alle Angestellten entlassen. So verliert Lotte Basch ihre Arbeit. Sie ist nun 23 Jahre alt, ohne Einkommen und hat kaum mehr eine Chance, ein eigenständiges Leben zu führen. Lotte zieht zu ihren Eltern zurück in die Luitpoldstraße 38. Die Demütigungen auch der jüdischen Familie Basch durch immer neue Verbote und Verordnungen nehmen immer weiter zu. 1939 muss Lottes Vater sogar das Radio in der nächsten Polizeistation abgeben, ohne Quittung und ohne Entgelt. Es folgen die Wertsachen der Familie, die Lottes Vater in die Pfandleihe in die Jaegerstraße bringt. Er erhält dafür 20 RM.

Luitpoldstraße 38

Das einstige Wohnhaus von Lotte Basch in der Luitpoldstraße 38 wird am 31. März 1949 gesprengt und 1956 vollständig abgerissen. 1984 wird die Luitpoldstraße zur Sackgasse und im Mai 1984 der Grundstein für die Werbellinsee-Grundschule gelegt. Im November 1986 ist die Schule eingeweiht worden. Sie existiert noch heute.

Lotte Basch auf der Flucht

In der Fünf-Zimmer-Wohnung der Familie Basch lebt neben zwei Untermietern auch Lottes Bruder Heinz-Georg. Er emigriert nach Shanghai, noch bevor am 23. Oktober 1941 das Ausreiseverbot für Juden erlassen wird. Lotte Basch wird zu dieser Zeit vermutlich als Zwangsarbeiterin in einem Rüstungsbetrieb eingesetzt. Bei der „Wannsee-Konferenz" am 20. Januar 1942, auf der die Organisation der Ermordung der europäischen Jüdinnen und Juden verhandelt wurde, kam auch die „Frage der Auswirkung der Judenevakuierung [so der euphemistische Begriff für den Massenmord] auf das Wirtschaftsleben" zur Sprache. Alle – so das Konferenzprotokoll – „in kriegswichtigen Betrieben im Arbeitseinsatz stehenden Juden [könnten] derzeit, solange noch kein Ersatz zur Verfügung steht, nicht evakuiert werden".

Am 2. Juni 1942 holt die Gestapo Lottes Eltern aus der Luitpoldstraße 38 ab. Lotte Basch gelingt die Flucht. Am 13. Juni 1942 werden ihre Eltern nach Auschwitz deportiert und dort ermordet. Nach Angaben der Hauswartsfrau wird die Wohnung der Familie Basch im Oktober 1942 geräumt und das Inventar durch das Finanzpräsidium Berlin verkauft. Lotte Basch taucht im Juni 1942 in die „Illegalität" ab. Es gelingt ihr, Bargeld mitzunehmen. So kann sie am Kaiserdamm in Charlottenburg bei einer Grete Vogt zur Untermiete wohnen, muss die Wohnung jedoch schon nach kurzer Zeit wieder verlassen. Über Hermann Dietz (wo die beiden sich begegnet sind, ist nicht überliefert) lernt sie Magdalene Thiele in der Uhlandstraße kennen. Diese betreibt eine Speditionsfirma in der Pariser Straße und fragt weder nach Herkunft noch sonstigen Umständen. Im Februar 1943 zieht Lotte Basch bei ihr als Untermieterin ein.

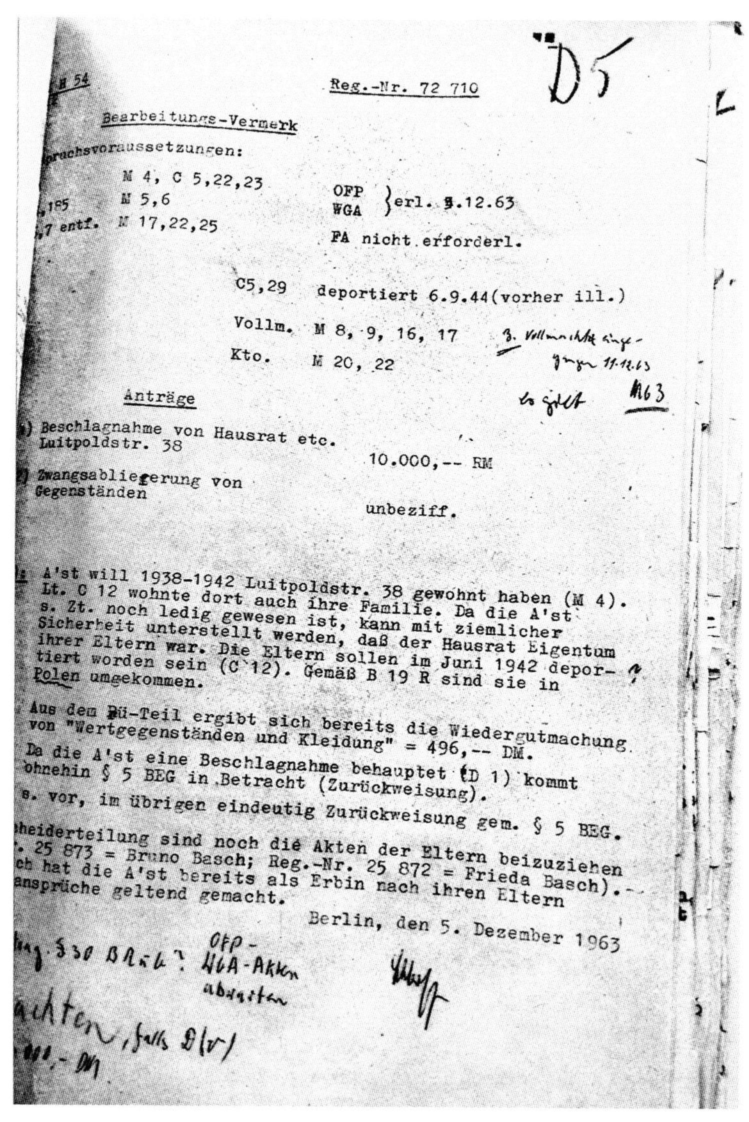

H 54 Reg.-Nr. 72 710 D5

Bearbeitungs-Vermerk

...achsvoraussetzungen:

M 4, C 5,22,23
...185 M 5,6 OFP }erl. 9.12.63
...7 entf. M 17,22,25 WGA

FA nicht erforderl.

C5,29 deportiert 6.9.44 (vorher ill.)

Vollm. M 8, 9, 16, 17

Kto. M 20, 22

Anträge

...) Beschlagnahme von Hausrat etc.
Luitpoldstr. 38
10.000,-- RM

...) Zwangsablieferung von
Gegenständen
unbeziff.

...: A'st will 1938-1942 Luitpoldstr. 38 gewohnt haben (M 4). Lt. C 12 wohnte dort auch ihre Familie. Da die A'st s. Zt. noch ledig gewesen ist, kann mit ziemlicher Sicherheit unterstellt werden, daß der Hausrat Eigentum ihrer Eltern war. Die Eltern sollen im Juni 1942 deportiert worden sein (C 12). Gemäß B 19 R sind sie in Polen umgekommen.

Aus dem BÜ-Teil ergibt sich bereits die Wiedergutmachung von "Wertgegenständen und Kleidung" = 496,-- DM.
Da die A'st eine Beschlagnahme behauptet (D 1) kommt ohnehin § 5 BEG in Betracht (Zurückweisung).
...s. vor, im übrigen eindeutig Zurückweisung gem. § 5 BEG.

...heiderteilung sind noch die Akten der Eltern beizuziehen ... 25 873 = Bruno Basch; Reg.-Nr. 25 872 = Frieda Basch). ...ch hat die A'st bereits als Erbin nach ihren Eltern ...ansprüche geltend gemacht.

Berlin, den 5. Dezember 1963

„Beschlagnahme behauptet"

Entschädigungsakte von Lotte Basch, 1963 (Auszug)

Lotte Basch auf Reiswerder

Im November 1943 wird die Wohnung in der Uhlandstraße ausgebombt. Danach zieht Lotte Basch mit ihrer Vermieterin auf die Insel Reiswerder, wo Magdalene Thiele ein kleines, nicht winterfestes Holzhäuschen besitzt. Im Frühjahr 1944 bezieht Lotte eine eigene Holzlaube. Am 23. August 1944 wird Lotte Basch auf Reiswerder zusammen mit Hermann Dietz verhaftet. Sie wird am 6. September von Berlin nach Auschwitz deportiert. Auf ihren linken Unterarm tätowiert man ihr die Häftlingsnummer A25341. Am 3. November 1944 kommt sie mit einem Transport in das KZ Bergen-Belsen, das zu dieser Zeit Ziel von Räumungstransporten aus frontnahen Konzentrationslagern wird. Von dort aus wird sie im Januar 1945 in das KZ Salzwedel verbracht, ein Frauenaußenlager des Konzentrationslagers Neuengamme. Hier besaßen die Polte-Werke Magdeburg einen Zweigbetrieb und ließen in Zwangsarbeit Infanterie- und Flakmunition produzieren. Hunderttausende KZ-Häftlinge werden in diesen letzten Kriegsmonaten wie Lotte Basch von Lager zu Lager getrieben.

Im Januar 1945 befreien die Amerikaner das Lager Salzwedel. Lotte Basch wiegt nur noch 42 Kilogramm, ist an Diphterie erkrankt und hat ein schweres Nervenleiden; Gesichts- und Handfunktionen sind stark beeinträchtigt. Dazu hat sie sich ein schweres Darmleiden zugezogen, das sie bis an ihr Lebensende begleiten wird. Noch im selben Jahr kehrt Lotte Basch nach Berlin zurück und wohnt zunächst als Untermieterin in Zehlendorf. Am 8. Januar 1947 reist sie nach New York aus. Die Auswanderung hatte sie schon vor ihrer Verhaftung vorbereitet. Ihr Bruder Heinz-Georg, der sich inzwischen Henry Basch nennt, weiß davon nichts. Er stellt 1946 beim Roten Kreuz in Shanghai einen Suchauftrag nach seiner Schwester.

Lotte Basch – Lotte Rodrigues in New York

Am 19. Januar 1948 heiratet Lotte Basch in New York Edward Rodrigues. Das Paar wohnt in der Region Hamptons, etwa eineinhalb Stunden von New York entfernt, wo Lotte Basch als Verkäuferin in einem Warenhaus arbeitet. Ihr Lohn ist dürftig, die Anfahrt lang, und ihr Gesundheitszustand lässt eigentlich keine Arbeit mehr zu. Doch Lottes Ehemann hat nur ein geringes Einkommen, sodass sie gezwungen ist, etwas hinzuzuverdienen.

Ihr Kampf um Anerkennung als Opfer des NS-Regimes und um Entschädigung für das ihr angetane Leid wird über 20 Jahre andauern. Mitentscheidend dabei ist, dass Lotte Basch am 24. August 1944 bei der Gestapo unterschreiben musste, dass sie über keinerlei Besitz verfügt, obwohl man ihr u. a. 6000 RM Bargeld abgenommen hatte. 1963 wird diese Erklärung als Beleg dafür angeführt, dass die Bundesrepublik in keiner Weise zu einer Entschädigung für verübtes Unrecht verpflichtet sei, da Lotte Basch offenbar mittellos gewesen sei.

In den USA ist Lotte Basch nun tatsächlich nahezu mittellos, dazu chronisch krank und ohne jede Möglichkeit, notwendige Behandlungen zu finanzieren. Die Ärzte raten von einer Arbeit ab. Nach eigenen Angaben ist sie nicht einmal mehr in der Lage, einen Verkaufszettel ohne Zittern auszufüllen, geschweige denn, den langen Anfahrts- und Rückweg nach New York zu überstehen. Lotte Basch kämpft juristisch um die Anerkennung als NS-Opfer und die Bewilligung von Entschädigungsgeld. Die Kommunikation zwischen ihren Anwälten in den USA und den deutschen Behörden nimmt zynische Züge an. Die zuständigen Behörden in der Bundesrepublik versuchen, die Zahlung hinauszuzögern. Erst in den

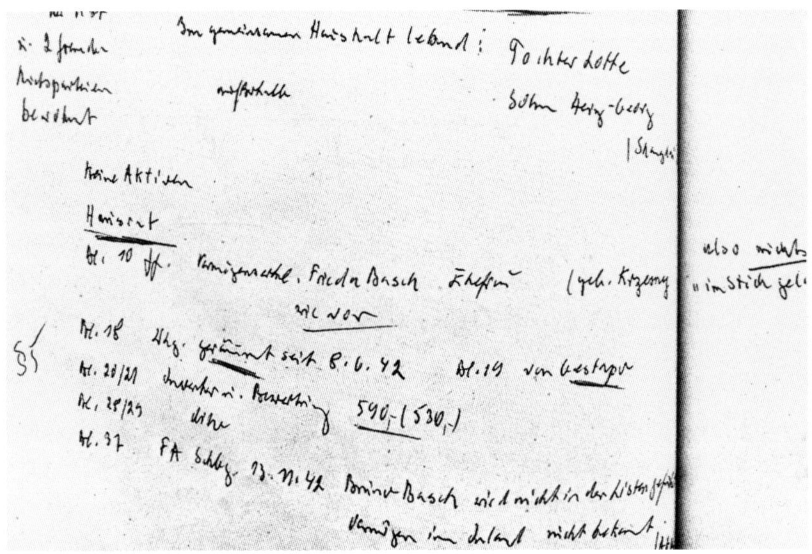

„Vermögenserklärung eigenhändig 1944 unterschrieben"
„also nichts im Stich gelassen"
Entschädigungsakte von Lotte Basch, 1963 (Auszug)

späten 1960er-Jahren scheint es einen Personalwechsel beim zuständigen Entschädigungsamt in Berlin zu geben, zumindest ist ein Wandel im Umgang mit den Opfern zu erkennen. Anträge werden schneller bearbeitet, beurteilt und auch positiv beschieden. Der Ton gegenüber den Opfern wird respektvoller. Das Menschheitsverbrechen des „Holocaust", der inzwischen zum Begriff geworden ist, wird auch in der deutschen Bürokratie mehr und mehr als Tatsache akzeptiert.

1969 wird Lotte Basch die Summe von rund 19 600 DM zugesprochen. Die Rente der inzwischen 54-Jährigen wird auf 200 DM monatlich festgesetzt. Ein jahrzehntelanger Leidensweg, der im nationalsozialistischen Deutschland begonnen und der sich in der Bundesrepublik fortgesetzt hat, findet einen Abschluss.

Das Fischerhaus von Harry und Margarete Bonus auf Reiswerder. Später gehörte das Haus der Familie von Roland Bonus, heute nutzt es der Verein der Naturfreunde Baumwerder-Reiswerder als Jugendlaube.

Familie Bonus, Pächter der Insel Reiswerder

Georg Bonus zieht 1906 gemeinsam mit seiner Frau Rosel auf die Insel Reiswerder. Ausgestattet mit einem bereits vom „Alten Fritz" an Reiswerder verliehenen Fischerei- und Schilfrecht sowie einem unbefristeten Erbpachtvertrag mit Vorkaufsrecht, wird die Insel nun für fünf Generationen der Familie Bonus gehören, die fortan Generalpächter der Insel ist.

In den 1930er-Jahren leben schon zwei Generationen der Familie auf der Insel. Harry Bonus, Sohn von Georg und Rosel, heiratet um das Jahr 1937 die Hausangestellte seines Vaters namens Margarete. Acht Monate später kommt ihr gemeinsamer Sohn Roland auf die Welt. Harry betreibt seine eigene Firma für Seegarn und Fischerei. Weitere Einkünfte sichern ihm die Landwirtschaft und die Möglichkeit, Zeltplätze und Lauben zu verpachten. Er verkauft Viehfutter wie Heu und Gras auf das Festland, den Zugang dorthin sichert eine Seilfähre.

Rathaus Reiswerder 1924-1979

oben links:
das alte Rathaus von 1924
auf Baumwerder

oben rechts:
das heutige Rathaus von Reiswerder,
1979

Mitte rechts:
das 1943 von Baumwerder auf die Insel
Reiswerder transportierte Rathaus

unten rechts:
die Erneuerung des Rathauses 1976

Baumwerder - Reiswerder

1942 wird die benachbarte Insel Baumwerder von den Berliner Wasserwerken zum Wassereinzugsgebiet erklärt. Der dort 1914 gegründete „Verein der Naturfreunde Baumwerder" wird zur Räumung der Insel aufgefordert. Drei Jahre nach Ausbruch des Krieges ist Baumwerder fast menschenleer. Die Männer sind an der Front, die Kinder verschickt. Nachdem die wenigen noch Verbliebenen von Baumwerder mit der Stadtverwaltung einen Kompromiss ausgehandelt haben, soll der Verein, der inzwischen als „Lagergemeinschaft Baumwerder" firmiert, auf den Saatwinkel am gegenüberliegenden Havelufer und die Insel Reiswerder übersiedeln. Auf Reiswerder muss die Familie Bonus die nördliche Inselhälfte zur Verfügung stellen. Und so werden die Klapplauben und das 1924 entstandene „kleinste Rathaus der Welt" von Baumwerder mit Schiffen nach Reiswerder transportiert. 1944 ist der Umzug abgeschlossen.

Das ehemalige Wohnhaus von Margarete Bonus auf Reiswerder

Familie Bonus und die Zurückgekehrten

Nach dem Krieg und der Rückkehr der Überlebenden besteht die unsichtbare Grenze zwischen dem nördlichen und dem südlichen Teil der Insel fort. Wenige kennen den Grund für diese Trennung. Nur ihnen Vertraute haben Zugang zu der Geschichte und dem privaten Leben der Familie Bonus. Viele der heute älteren Reiswerdianer haben Hermann Dietz und Erna Fleck nach 1946 noch kennengelernt. Von ihrem Schicksal haben sie jedoch nie erfahren. Für die ebenfalls zurückgekehrten Kinder wird Roland Bonus der beste Spielkamerad. Opa Bonus wird geliebt für seine Geschichten und Utensilien aus Afrika, Margarete Bonus für die Leckereien in ihrem um das Jahr 1950 eröffneten Imbiss und Lebensmittelladen. Hier gab es Erna Flecks herrlichen Sahnezauber aus Eiweiß und Orangen, der den Kindern von damals bis heute in Erinnerung geblieben ist. Im Norden residiert der inzwischen wieder präsente „Naturfreunde-Verein Baumwerder", dessen Vorsitz Kriminalkommissar Emil Schreckenbach innehat. Er ist bei den Kindern nicht sofort beliebt, denn alles, was im Süden erlaubt ist, wird im Norden verboten.

Dann verstirbt Opa Bonus, seine Frau Rosel folgt ihm kurze Zeit später, und Harry Bonus scheidet Ende der fünfziger Jahre freiwillig aus dem Leben. Trost und Unterstützung findet Margarete Bonus bei Emil Schreckenbach, den sie etwa 1961/62 heiratet. Mit der Unterstützung von Hermann Dietz schließt sich die Insel zu einem gemeinsam verwalteten Verein zusammen. Die unsichtbare Grenze ist überwunden, und der noch heute gültige Standort des Rathauses wird gefunden.

In den folgenden dreißig Jahren wird sich die Insel auf- und absenken. Die Errichtung des Flughafens Tegel während der Luftbrücke 1948, die Aufnahme des zivilen Flugverkehrs in

Margarete Bonus um 1975; links am Bildrand: Emil Schreckenbach

Tegel Anfang der sechziger Jahre und seit 1976 wiederholte Starts und Landungen der Concorde lassen die Insel erzittern, sich aus dem Wasser erheben.

Etwa 1987 reißt ein Unfall Roland Bonus aus dem Leben. Seine hinterbliebene Lebensgefährtin Gabi Bonus und sein drei Jahre alter Sohn Sascha verlassen sieben Jahre später gemeinsam mit der inzwischen verwitweten Margarete Schreckenbach die Insel Reiswerder. Margarete Schreckenbach verstirbt später in einem Altersheim in Spandau. Heute lebt ihr Enkel, Sascha Bonus, vermutlich in Österreich.

Die Vorderansicht des ehemaligen Wohnhauses
von Margarete Bonus auf Reiswerder

Fähranleger von Baumwerder, etwa 1927

Kinderfest auf Baumwerder, 1926

Übernachten im Freien auf Baumwerder, 1928

Badestelle der Insel Baumwerder, um 1930

Badestelle der Insel Baumwerder, um 1930

Großes Kinderfest auf Baumwerder, 1931

Sport und Spielveranstaltung auf Baumwerder, 1932

Baumwerder, 1934

Baumwerder, um 1934

Baumwerder, um 1934

Baumwerder, um 1937

Baumwerder, um 1937

Tegelort – Fähre nach Baumwerder.
Der Fährbetrieb nach Baumwerder endete 1943.

Epilog – Odyssee einer Recherche

Ich erinnere mich noch gut an die Irrfahrt durch die Recherche. Alles begann im Jahr 2015, als ich Mitglied im „Verein Naturfreunde Baumwerder-Reiswerder e.V. 1914" (VNBR) wurde. Eigentlich mag ich keine Vereine. Und doch habe ich mich beworben, weil ich mich in die Insel verliebt hatte und auch heute noch in sie verliebt bin. Und wie es so bei mir ist, treibt mich immer eine gewisse Neugier auf Menschen und Orte voran. In diesem Fall warfen schon die Bezeichnung VNBR und das historische „Rathaus" viele Fragen auf. Bis heute habe ich die Abkürzung VNBR nicht verinnerlicht. Und was war Baumwerder?

Schon schnappte ich mir mein Aufnahmegerät und begann, mich den Inselbewohnern vorzustellen und sie zugleich um ein Interview zu bitten. Ich bin übrigens keine Historikerin, sondern Schauspielerin und Filmemacherin und daher stets an den Geschichten von Menschen interessiert. Da ältere Menschen auf eine längere Lebenszeit zurückblicken, waren sie meine erste Adresse. Wir redeten über das Leben auf der Insel. Viele von ihnen waren seit ihrer Kindheit hier. Mir fiel auf, dass oft Sätze wie „ich bin echter Reiswerdianer" oder „wir waren vorher auf Baumwerder" fielen. Dies und ein anregendes Gespräch mit dem Historiker Dr. Lothar Berndorff, der heute 2. Vorsitzender des VNBR ist und sich seit 2012 mit der Geschichte von Reiswerder befasst, veranlassten mich, tiefer in die Recherche einzusteigen. Lothar Berndorff und ich sprachen auch über die Jahre 1933–1945. Unter anderem erzählte er von einem jüdischen Mädchen namens Gerda Lesser. Ebenso von einer Familie Daene. Und dass das junge Mädchen auf der Insel Reiswerder versteckt und schließlich verhaftet worden sei. Und später in Auschwitz ermordet wurde.

Um aber herauszufinden, was genau geschehen war und wie es zu dieser Verhaftung kommen konnte, hätte er in Archive gehen müssen. Dafür fehlte ihm aus beruflichen Gründen die Zeit. Wenn ich die Zeit finden könnte, dort weiterzumachen, wo er und andere Mitglieder des VNBR aufgehört haben: Seine Unterstützung hätte ich. Und so kam es, dass ich im Jahr 2015 die Übergabe dieses geschichtlichen Staffel-Stabes an mich annahm. Auch mit einem leichten Unwohlsein, denn was wäre, wenn die Verhaftung der jungen Jüdin mit einem Verrat zusammenhing? Begangen von jemandem, dessen Familienangehörige möglicherweise noch heute auf der Insel leben?

Zwei Jahre lang wühlte ich mich durch Akten. Natürlich bekomme ich diese als Privatperson nicht so einfach und schon gar nicht so schnell. Auch war ich im Besorgen, Lesen und Deuten von Akten nicht geübt. Meine Schulzeit liegt weit zurück. Damals, in den siebziger Jahren, hatte ich zwar einen tollen Politiklehrer, aber so tief und eingehend wie jetzt hatte ich mich zuvor nie mit der systematischen Verfolgung, Demütigung und Ermordung der jüdischen Bevölkerung durch die Nationalsozialisten beschäftigt. Ich mühte mich ab mit Abkürzungen wie OT (Organisation Todt) und MI-Aktion (Einberufung zur OT in Berlin) und mit Begriffen wie „Fabrikaktion". Ich begegnete absurden Bezeichnungen für Menschen, die eingeteilt wurden in „Rassen" und deren „Rasse"zugehörigkeit in Graden gemessen wurde. Es war nicht so, dass ich die historischen Grundbegriffe nicht schon vorher gehört hätte, und ebenso wusste ich um die Ideologie der Nationalsozialisten. Nun aber musste ich mich plötzlich in ihre Begriffe vertiefen, sie manchmal sogar selbst verwenden. Begriffe, die auch die Opfer in ihren „Wiedergutmachungs"-Anträgen benutzen mussten, um ihre Verfolgung nachzuweisen. Ich bewundere alle Menschen, die Tag für Tag beruflich mit diesen Akten und Einsichten umzugehen versuchen.

Auf der Insel führte ich weitere Interviews und Gespräche. Neue Namen kamen hinzu: Erna Fleck und auch Charlotte Pieper, die Schwester von Gerhart Fleck. Katri Kuusimäki erzählte mir von Lotte Basch und Hermann Dietz. Bei der öffentlichen Gedenkveranstaltung des Vereins Naturfreunde Baumwerder-Reiswerder im Rahmen von DENK MAL AM ORT im Rathaus von Reiswerder 2016 lernte ich Interessierte wie die Historikerinnen Dr. Claudia Schoppman und Barbara Schieb, beide wissenschaftliche Mitarbeiterinnen der Gedenkstätte Stille Helden, kennen. Sie sorgten dafür, dass ich einen schnelleren Zugriff auf die Unterlagen bekam. Auch Barbara Welker vom Centrum Judaicum war so freundlich, meine Nachfragen rasch zu beantworten. 17 Personen, die im Zusammenhang mit den Verfolgten auf der Insel Reiswerder stehen, waren mir am Ende bekannt. Und eine Familie, die Familie Bonus, die Pächter der Insel. Sie hatten ihre Hilfe in dem Rahmen angeboten, der ihnen möglich war. Die Insulaner haben mich unterstützt, wo sie konnten. Da ich aber nicht wollte, dass sie mich nur in Verbindung mit einem Aufnahmegerät sehen und irgendwann die Flucht vor mir ergreifen, habe ich die Interviews in einem Zeitraum von vier Jahren geführt.

Der Verrat, die Verhaftung und der Ablauf der Ereignisse sind jetzt enträtselt. Aufgeklärt ist auch, dass Lotte Basch und Gerda Lesser sich gekannt haben müssen – und dass die Familie Bonus, vor allem Margarete Bonus, das Herzstück der „Untergetauchten" war.

Die Opfer des Nationalsozialismus, die auf Zahlen reduzierten Menschen aus der Statistik herauszuholen, ihnen Namen und Gesicht (zurückzu)geben, ihre Geschichte zu erzählen, war mein Anliegen.

Dass dieses kleine Buch nun so vorliegen kann, ist auch vielen Mitgliedern des VNBR zu verdanken.

Dank

Mein besonderer Dank für ihre Unterstützung gilt den Zeitzeugen und Interview-Partnern: Günter Taube, Wolfgang König, Regina Krause, Lothar Dally, Dr. Lothar Berndorff, Dieter Meisner, Peter Rausch, Günter Kate, Helga Kate, Lothar Rosentreter, Ilse Bons, Renate Dally, Schotte Hermann, Katri Kuusimäki sowie dem gesamten Verein der Naturfreunde Baumwerder-Reiswerder e. V. 1914. Dr. Lothar Berndorff danke ich herzlich für sein geduldiges Lektorat. Dr. Claudia Schoppmann (Gedenkstätte Stille Helden) danke ich dafür, dass ich jedes Mal wieder die Freude über ein erneut gefundenes Puzzlestück mit ihr teilen durfte. Der Metropol Verlag machte es überhaupt erst möglich, dass es dieses Buch gibt, dafür danke ich Fritz Veitl und Nicole Warmbold.

Mein weiterer Dank geht an Barbara Schieb (Gedenkstätte Stille Helden), Barbara Welker (Archiv der Stiftung Neue Synagoge Berlin – Centrum Judaicum), Achim Hall, Petra Zwaka (langjährige Leiterin der Tempelhof-Schöneberger Museen), Jani Pietsch (Initiative DENK MAL AM ORT), Stephan Zakow (Landesamt für Bürger- und Ordnungsangelegenheiten, Abt. I Entschädigungsbehörde), Sigrid Schulze (Stellvertretende Leiterin des Mitte Museums), Ralph Schmiedeke und vielen anderen mehr, die hier namentlich nicht genannt werden.

Gedenkveranstaltung auf Reiswerder 2018

Quellen

Amtliche Fernsprechbücher
Amtliches Fernsprechbuch, 1950:
Familie Bonus, Gaststätte Bonus
Amtliches Fernsprechbuch 1950 bis 1966:
Erna Fleck die „Fleck'sche Erfrischungshalle"

Adressbücher
Jüdisches Adressbuch 1931
Berliner Adressbuch 1940 und 1942:
Fam. Hugo Lesser

Datenbank der Claims Conference
Hugo Lesser, Reg.-Nr. 92443
Max Lesser, Reg.-Nr. 20903

Bundesarchiv
Schutzhaft-Kartei R 58/9692
Ehrungsantrag Hermann Dietz, 6 Bl.

Datenbank der Holocaust-Opfer
Gerda Lesser, https://www.holocaust.cz/de/opferdatenbank/opfer/20847-gerda-lesser/
Gerhart Fleck, https://www.holocaust.cz/de/opferdatenbank/opfer/10421-gerhard-fleck/

Jüdische Gewerbebetriebe in Berlin 1930 bis 1945
Datenbank, http://www2.hu-berlin.de/djgb/www/find, darin:
Hugo Lesser, Damenkonfektion (Textil und Bekleidung)
Max Lesser jr., Damenkonfektion (Textil und Bekleidung)

Jüdischer Friedhof Weißensee, Archiv
Hugo und Theodor Lesser

Gedenkbuch Berlins der jüdischen Opfer des Nationalsozialismus: Ihre Namen mögen nie vergessen werden!, Hrsg. Freie Universität Berlin, Zentralinstitut f. sozialwiss. Forschung, Berlin 1995
Max Lesser und Else Lesser, geb. Willig

Das Gedenkbuch des Bundesarchivs für die Opfer der nationalsozialistischen Judenverfolgung in Deutschland (1933-1945)
Gerda Lesser, https://www.bundesarchiv.de/gedenkbuch/de1102054
Emma Matzner, geb. Lesser, https://www.bundesarchiv.de/gedenkbuch/de1146498

Gedenkstätte Stille Helden, Archiv
Interview von Barbara Schieb mit Margarete Daene am 12. Oktober 1989

Landesamt für Bürger- und Ordnungsangelegenheiten, Abt. I Entschädigungsbehörde (Labo)
Entschädigungsakten
Erna Fleck, Reg.-Nr. 2267 (M55, M15, E1, C13, Lebenslauf Blatt 4, M13, A24, B55+B56)
Moritz Marx, Adele Marx, Reg.-Nr. 3075 (M5, D2)
Hermann Dietz, Reg.-Nr. 123 (4, 12, 19, 20, 21, E33, A1, C12) Lotte Basch Reg.-Nr. 72710 (D3, D8, B63, D7, G12, C13, M4, C24, C26, B67, B71, B74, M40, M42)
Bruno Basch, Frieda Basch, Reg.-Nr. 25872 und Reg.-Nr. 873

Stiftung Neue Synagoge Berlin - Centrum Judaicum, Archiv
Bestand Opfer des Faschismus (OdF)
Lotte Basch, OdF R.A. 7975 (477)

Erna Fleck, OdF R.A. 14978
Dr. Heinz Fleck, OdF R.A. 3017
Charlotte Pieper, OdF Nr. 1382
Helene Fleck, OdF R.A. 588
Margarete Stutzke, OdF R.A. 6311

Sudholt, Eva, Bradys lange Suche nach Holocaust-Überlebenden, in: Die Welt, 19. 10. 2011, https://www.welt.de/vermischtes/article13663598/Bradys-lange-Suche-nach-Holocaust-Ueberlebenden.html

Zeitzeugengespräche/Interviews Christiane Carstens (www.kinderdreh.de) auf der Insel Reiswerder, 2015-2018
(Film- und Tondateien vorhanden)
mit: Günter Taube, Wolfgang König, Regina Krause, Lothar Dally, Dr. Lothar Berndorff, Dieter Meisner, Peter Rausch, Günter Kate, Helga Kate, Lothar Rosentreter, Ilse Bons, Renate Dally, Schotte Hermann, Katri Kuusimäki

Weiterführende Literatur

Deutschkron, Inge, Wir entkamen. Berliner Juden im Untergrund, Berlin 2007, https://www.gedenkstaette-stille-helden.de/fileadmin/data/pdf/Deutschkron-de-2007.pdf.
- Das verlorene Glück des Leo H., Frankfurt a. M./Wien/Zürich 2001.
- Ich trug den gelben Stern, Köln 1978 [zahlr. Neuauflagen].

Gruner, Wolf, Judenverfolgung in Berlin 1933–1945. Eine Chronologie der Behördenmaßnahmen in der Reichshauptstadt, 2., vollst. bearb. und erw. Aufl., Berlin 2009.

Heinz, Stefan/Mielke, Siegfried (Hrsg.), Funktionäre des Deutschen Metallarbeiterverbandes im NS-Staat. Widerstand und Verfolgung, Berlin 2012, zu Wilhelm Daene S. 193–210.

Jah, Akim, Die Berliner Sammellager im Kontext der „Judendeportationen" 1941–1945, in: Zeitschrift für Geschichtswissenschaft 61 (2013) 3, S. 211–231.

Jalowicz Simon, Marie, Untergetaucht. Eine junge Frau überlebt in Berlin 1940–1945. Bearb. von Irene Stratenwerth. Mit einem Nachwort v. Hermann Simon, Frankfurt a. M. 2014.

Jokl, Anna Maria, Die Perlmutterfarbe. Ein Kinderroman für fast alle Leute, Berlin 2008.

Kertész, Imre, Roman eines Schicksallosen. Übersetzung: Christina Viragh, Berlin 1996.

Kosmala, Beate/Schoppmann, Claudia (Hrsg.), Sie blieben unsichtbar. Zeugnisse aus den Jahren 1941 bis 1945. Hrsg. für den Förderverein Blindes Vertrauen e.V. des Museums Blindenwerkstatt Otto Weidt, Berlin 2006.

Krechel, Ursula, Landgericht. Roman, Salzburg/Wien 2012.

Kressmann Taylor, Kathrine, Adressat unbekannt. Aus dem amerikan. Englisch von Dorothee Böhm, Hamburg 2016.

Hanni Lévy, Nichts wie raus und durch! Lebens- und Überlebensgeschichte einer jüdischen Berlinerin, Berlin 2019 (Publikationen der Gedenkstätte Stille Helden, Band 9).

Schlör, Joachim (Hrsg.), Jüdisches Leben in Berlin 1933–1941/ Jewish life in Berlin. Fotografien von Abraham Pisarek, Berlin 2012.

Schmitz, André/Tuchel, Johannes (Hrsg.), Liebe Inge, Herzlich. Festschrift für Inge Deutschkron zum 90. Geburtstag, Berlin 2012.

Steinbacher, Sybille, Auschwitz. Geschichte und Nachgeschichte, München 2004.

Tausendfreund, Doris, Erzwungener Verrat. Jüdische „Greifer" im Dienst der Gestapo 1943–1945, Berlin 2006, zu Gerhard Behrendt bes. S. 132–135.

Tuchel, Johannes, Gedenkstätte Stille Helden Widerstand gegen die Judenverfolgung 1933 bis 1945. Katalog, Berlin 2009.

Bildnachweis

Gedenkstätte Deutscher Widerstand
Seite 14 (unten links)

Mitte Museum / Bezirksamt Mitte von Berlin
Seite 42, Unbekannter Fotograf, Die Turmstraße in Berlin-Moabit zwischen Oldenburger und Emdener Straße zu Beginn der 1930er Jahre. Im Vordergrund die Häuser Turmstr. 43 (Goldacker), 44 und 45
Seite 43, Unbekannter Fotograf (Bestand Schuppe), Süßwarengeschäft Quednau, Turmstr. 12, Berlin-Moabit, 1934

Privatbesitz Regina Krause / CCO Christiane Carstens
Seite 83

Privatarchiv Günter Taube / CCO Christiane Carstens
Seiten 34, 56 und 57

Privatarchiv A. Teves, Frankfurt a. M.
Seite 5 (oben und unten rechts)

Landesamt für Bürger- und Ordnungsangelegenheiten, Abt. I Entschädigungsbehörde (Labo)
Seiten 22, 28 (2x), 29, 28, 32 (2x), 36, 48 (2x), 51, 58 (2x), 62, 65

Christiane Carstens
Seiten 16 (3x), 18, 26, 30, 35, 38, 39, 44–46, 47 (2x), 60 (3x), 66, 70, 73, 91

Verein der Naturfreunde Baumwerder-Reiswerder e. V. 1914 / CCO Christiane Carstens
Seiten 6, 12 f., 20 (2x), 21, 25, 53, 68 (4x), 72, 74, 75–82, 84–86